COLLECTION
AUTODÉVELOPPEMENT

D1532031

Présentation de la collection

L'individu dans sa vie et dans sa société. C'est le thème de cette collection. Les préoccupations contemporaines sont analysées sous l'angle des valeurs, des mentalités et des tendances. Cette collection propose des ouvrages qui s'inspirent d'une philosophie de l'auto-développement. Elle est à la fois réflexive et pratique. Elle invite le lecteur ou la lectrice à s'interroger sur la vie et sur les principales tensions individuelles et sociales.

Cette collection s'articule autour de deux séries d'ouvrages. La série «Valeurs et Cohérence» propose des textes centrés sur l'apprentissage du développement personnel. La série «Tendances» propose des textes centrés sur l'exploration et l'analyse des tendances sociales contemporaines.

Éducation aux valeurs et projet éducatif s'inscrit dans la série «Valeurs et Cohérence». La crise actuelle de l'éducation nous invite à une nouvelle éthique basée sur des valeurs qui favorisent le développement individuel et le développement organisationnel. L'éducation est avant tout un acte d'influence auprès de la personne. Dans ce contexte, il est nécessaire de développer une éthique fondée sur une logique de la réciprocité. Ce livre est une invitation à la réflexion et à l'action.

ÉDUCATION
aux valeurs
ET PROJET
éducatif

Du même auteur aux Éditions Québec/Amérique

Analyse de ses valeur personnelles, 1982
La pédagogie ouverte en question? (en collaboration), 1984
Intervenir avec cohérence, 1985
Les chemins de l'autodéveloppement, 1985
L'Effet caméléon, 1990

Du même auteur aux Éditions NHP

Tehniques sociométriques et pratique pédagogique, 1971
Vers une pratique de la pédagogie ouverte, 1976
Plan d'études et pédagogie ouverte, 1977
Le projet éducatif, 1979
Le projet éducatif et son contexte, 1980
Grille d'analyse réflexive pour cheminer en pédagogie ouverte
  (en collaboration), 1980
Évaluation et pédagogie ouverte (en collaboration), 1981
Activités ouvertes d'apprentissage (en collaboration), 1982
Des pratiques évaluatives (en collaboration), 1984
Pédagogie ouverte et autodéveloppement, 1985

Du même auteur aux Éditions Interaction

Vers une pratique de la supervision interactionnelle, 1986
Implantation des programmes, 1987
Outils de gestion pour la direction générale, 1989
Outils de gestion pour la direction des services éducatifs, 1989
Notre projet éducatif: la pédagogie ouverte, 1990

CLAUDE PAQUETTE

ÉDUCATION
aux valeurs
ET PROJET
éducatif

TOME 1

L'approche

QUÉBEC/AMÉRIQUE

425, RUE SAINT-JEAN-BAPTISTE, MONTRÉAL, QUÉBEC H2Y 2Z7 (514) 393-1450

Données de catalogage avant publication (Canada)

Paquette, Claude, 1947-

   Éducation aux valeurs et projet éducatif

   (Collection Autodéveloppement)
   Sommaire: t. 1. L'approche - t. 2 Démarches et
   outils
   Comprend des références bibliographiques.
   ISBN 2-89037-559-5 (v.1) - 2-89037-560-9 (v.2)

   1. Éducation - Planification. 2. Enseignement -
Méthodes des projets. 3. Valeurs (Philosophie). I. Titre.
II. Collection.

  LB1027.P36 1991   371.2'07   C91-096965-5

Réimpression avril 1997

Dépôt légal:
4ᵉ trimestre 1991
Bibliothèque nationale du Québec
Bibliothèque nationale du Canada

Montage
Andréa Joseph

*En hommage à ceux et celles
qui sont à la recherche d'une
nouvelle éthique en éducation.*

Table des matières

TOME I

L'APPROCHE

Introduction

À toutes les époques, les institutions scolaires sont fortement remises en question. Ces critiques touchent toutes les facettes de la vie scolaire. Pour les uns, le système scolaire n'est pas assez performant. Pour d'autres, il est trop bureaucratisé. D'aucuns y voient un milieu en retard sur les grands courants contemporains. Plusieurs estiment que sa mission n'est pas intégrée dans un projet social global, d'où la non-pertinence de ses orientations actuelles.

Certains jugent que le système scolaire doit embrasser de très larges objectifs. D'autres estiment qu'il doit se centrer sur quelques objectifs relativement simples. Ils prétendent qu'il est impossible de tout réaliser. Dans cette perspective, ils affirment que l'école doit «revenir» à des choses essentielles.

Pour certains encore, le système scolaire doit coller aux valeurs dominantes de la société. L'école doit alors devenir un lieu qui favorise l'intégration des jeunes à ces valeurs dominantes de la société à une époque donnée. Dans cette position, l'école se développe en parallèle avec la société. D'autres affirment que l'école doit devancer les mouvements sociaux. Elle doit être vision-naire. Elle doit anticiper. Elle doit ouvrir des horizons nouveaux. Elle doit être exploratoire. Du même coup, apparaissent des arguments opposés: l'école doit être le véhicule de la tradition d'une société donnée. Une autre avenue qui est largement critiquée par les tenants de nouvelles valeurs qui remettent en question la tradition.

Tout cela montre bien la complexité des enjeux de l'éducation. Les opinions sont diversifiées et contradic-toires. Tout est ici affaire de subjectivité. En d'autres mots, nos jugements sur le système scolaire sont nécessairement teintés de nos propres valeurs. Ils sont également influencés par nos propres expériences éducatives. Il n'y a pas de neutralité lorsqu'il s'agit de prendre position sur les valeurs qu'un système d'éducation doit promouvoir. Mais encore faut-il que le système scolaire ose nommer les valeurs essentielles qui doivent inspirer ceux et celles qui y œuvrent. Dans notre société plurielle, cela n'est pas évident.

Les idées développées dans ce livre s'inscrivent dans ce contexte général. Cet ouvrage propose une réflexion sur une idée qui se concrétise depuis une vingtaine d'années avec des succès et des échecs: l'éducation aux valeurs par le projet éducatif. Cette réflexion est alimen-tée des prises de position sur certains thèmes majeurs dans le développement d'un projet éducatif: la partici-pation des partenaires, l'élection des valeurs, la prise en charge... Ce livre présente également un processus pour mettre en place un projet éducatif, processus explicité par un cadre d'actions, par des stratégies et des outils d'intervention. C'est donc un ouvrage à la fois théorique et pratique. Théorique, dans un premier tome, par la pré-sentation des fondements du projet éducatif. Pratique, dans un deuxième, par les propositions concrètes de mise en œuvre.

Claude Paquette
juin 1991

Chapitre premier

Jalons pour un projet éducatif

Projet éducatif. Mission éducative de l'école. Orientations de l'école. Projet d'établissement... Voilà autant d'appellations pour cette idée que je vais présenter dans ce chapitre. L'idée de projet éducatif est discutée au Québec et un peu partout au Canada. Elle s'est également développée dans quelques pays européens, notamment en France. À une certaine époque dans ce pays, le projet d'établissement devenait le modèle d'intervention pour instaurer des changements pédagogiques. Ici comme ailleurs, cette idée a suscité beaucoup de discussions, et certaines applications depuis vingt ans. Au tournant des années 90, elle revient en force dans plusieurs systèmes éducatifs. À croire qu'il a fallu tout ce temps pour l'apprivoiser.

Une idée issue de la marginalité

Depuis plus de vingt ans maintenant, des individus dispersés dans le système scolaire croient qu'il est possible d'entreprendre dans des milieux éducatifs restreints des projets qui émanent des forces vives du milieu. Ce sont les promoteurs de l'idée de projet éducatif. Ces personnes se sont rendu compte, à partir d'expériences concrètes, qu'il est possible de mobiliser une population donnée, dans la mesure où celle-ci prend conscience des occasions qui s'offrent à elle. Pour se mobiliser, il faut y voir un intérêt et il faut y voir une probabilité d'influencer un milieu déterminé.

Ces marginaux du système scolaire ont contribué à concrétiser ce qu'il est convenu d'appeler aujourd'hui un «projet éducatif», c'est-à-dire une école qui est en développement et qui donne un sens, une direction à ce développement. Il s'agit de s'identifier, et par la suite d'agir en conséquence et en continuité.

L'idée d'identifier plus clairement les écoles, de discerner plus nettement la pédagogie qu'on y pratique, a vu le jour au Québec et ailleurs au début des années 1970. C'est à ce moment qu'a commencé à se développer le concept des écoles dites «alternatives», c'est-à-dire des écoles qui voulaient, de façon expérimentale, développer des pédagogies innovatrices. Les promoteurs de cette idée ont très bien senti, dans le quotidien de leur projet, les résistances que faisaient naître de telles initiatives. Il suffit de se rappeler les réactions de mépris provoquées par la création de la première école alternative au Québec (école Jonathan). Il faut se souvenir des réactions des administrateurs scolaires, des parents et de certains fonctionnaires du MÉQ dans le cas de l'école Auclair en 1973, ainsi que de la réaction des commissaires au projet de choix de la pédagogie par les parents à la commission scolaire Lévis-Sauvé en 1974.

Ces quelques exemples parmi tant d'autres témoignent des efforts de ces marginaux qui, à l'époque, tentaient de faire valoir l'idée selon laquelle un milieu peut faire des choix éducatifs importants et qu'il peut amener un engagement de ses partenaires. Ces innovateurs ont souvent payé personnellement pour avoir professé une telle croyance. Ainsi, des cadres ont été renvoyés pour avoir eu de telles initiatives, des écoles ont été fermées, des consultants ont été mis hors-la-loi, des parents ont été bafoués dans leur droit de choisir l'éducation pour leurs enfants, des enseignants ont été forcés de démissionner à cause de leurs idées. C'est du passé. Il n'en reste pas moins que ces tentatives portaient déjà les germes de ce qui se développe de plus en plus dans les milieux éducatifs: la recherche de la cohérence par un projet éducatif.

À cette époque, deux idées commencent à voir le jour: l'école doit être autonome dans ses orientations pédagogiques et elle doit offrir des choix à ses usagers. Malgré certaines maladresses dues à un manque d'expertise, des efforts étaient déployés et ce, sans égard au temps qu'il fallait y consacrer.

Une idée qui devient progressivement une tendance

À partir de 1976, cette idée prend place dans les documents ministériels d'orientation. L'idée est sur la place publique. Elle fait l'objet de plusieurs publications entre 1978 et 1984. Par la suite, des règlements gouvernementaux en justifient la diffusion à une échelle plus large. Mais il y a loin de l'institutionnalisation de l'idée à sa mise en œuvre dans les milieux scolaires.

Actuellement, nous nous trouvons en présence d'un cadre législatif qui résume ainsi le rôle premier du directeur d'école: «Voir à ce que son école se donne un projet éducatif ou une orientation propre.» Un nombre croissant de milieux explorent l'idée et tentent de voir comment elle peut passer dans la réalité de la vie de l'école. Comme nous le verrons plus loin, l'idée est effectivement sur la place publique, mais elle ne rallie pas l'ensemble des partenaires de l'éducation. On espère toujours, dans certains milieux, qu'elle demeurera une idée, un concept, une philosophie. Pour les uns, c'est une belle théorie de plus, pour d'autres, c'est une occasion d'entreprendre une démarche en profondeur.

Une idée qui deviendrait une dominante par la force législative

Les sociologues, et notamment Edgar Morin (1981), ont bien démontré comment se concrétisent les innovations. Tout part d'une marginalité ou d'une déviance. Les marginaux se débattent pour faire accepter une idée et des pratiques. Ils sont combattus par les dominants, c'est-à-dire ceux qui véhiculent le paradigme généralement accepté par la société de l'époque. Les marginaux tentent progressivement de créer une représentation de leur innovation. Ils concrétisent sur le terrain leurs idées, ce qui contribue à créer une brèche dans la tradition du milieu. En fait, l'innovation est la recherche d'une rupture dans cette tradition, recherche qui vise essentiellement à générer une nouvelle tradition (Morin, 1981; Angers, 1978; Paquette, 1979, 1981). C'est la finalité du processus innovateur: créer une nouvelle tradition dans un milieu.

À force d'agir sur le terrain, les innovateurs/marginaux provoquent des réactions, mais ils attirent aussi l'attention du milieu environnant. Leurs interventions suscitent des interrogations et, par le fait même, contribuent à étendre la participation aux autres intervenants. Ceux-ci questionnent, réagissent, s'informent et deviennent de plus en plus conscients des avantages et des inconvénients de cette nouvelle pratique. C'est à ce moment que l'idée et sa mise en pratique peuvent devenir une tendance. De marginale, l'idée devient une tendance.

Une innovation devient une tendance lorsqu'elle trouve une plus large audience et qu'elle échappe au contrôle des innovateurs de la première heure. Elle devient une idée acceptable pour une tranche plus large de la population. Un exemple frappant de cette suite événementielle est l'évolution de la pédagogie ouverte au Québec. Au début des années 1970, cette pédagogie était majoritairement rejetée par les parents des différents milieux. Maintenant, on voit fréquemment des groupes de parents exercer des pressions parfois très fortes pour que leurs enfants vivent cette pédagogie. À l'heure actuelle, les projets les plus innovateurs de cette pédagogie sont gérés par des groupes de parents. Les idées cheminent, les collectivités aussi. Auparavant, il était impensable de vivre cette pédagogie avec l'accord des parents. Maintenant, cela est possible pour un certain nombre d'entre eux et les expériences sont plus facilement tolérées par les réfractaires.

L'idée de projet éducatif est sûrement devenue une tendance, mais elle est encore loin d'être une dominante. Certains ministères de l'Éducation semblent vouloir en faire une idée dominante par divers gestes politiques et législatifs. Il est toutefois urgent de se demander si l'on peut imposer une innovation «par décret». Si l'on en croit certains sociologues, et notamment Michel Crozier (1979), il est illusoire de vouloir changer un système par décret. Alors, où irons-nous? L'idée de projet éducatif demeurera-t-elle une tendance ou deviendra-t-elle le pivot des gestes posés par les intervenants du système scolaire?

Il est évident que l'institutionnalisation d'une innovation accélère le processus de dissémination. Par contre, il n'est pas assuré que cela en accélère l'adoption par la population. Il peut même se produire ce qu'on appelle, dans la théorie du changement, des «effets contre-intuitifs». Il convient également de se rappeler qu'il existe dans le système scolaire une forte tradition qui consiste à refuser d'appliquer tout ce qui est obligatoire. C'est une première trace d'incohérence: tous les jours, dans les classes, les adultes imposent leurs règles aux élèves. Par contre, ces mêmes adultes sont réfractaires aux idées imposées par leurs dirigeants. Pourquoi l'obligation n'est-elle efficace que dans une seule direction?

Le danger d'un message à double contrainte

Gregory Bateson (1977) a largement expliqué le problème de la double contrainte («double-bind») dans les interventions. Le problème se pose comme suit: l'émetteur transmet au récepteur une demande qui contient en soi une contradiction qui déséquilibre celui-ci. La double contrainte décrit une situation particulièrement bloquante qui peut entraîner l'inhibition de l'action. En d'autres mots, elle peut provoquer chez celui qui reçoit le message un comportement paradoxal. Voici quelques exemples classiques du phénomène de la double contrainte:

Tu dois être autonome.
Sois spontané!
Je veux que tu me dises «Je t'aime» et que cela soit spontané de ta part...
Ne tenez pas compte de ce signal.

Christophe Marx (1982), dans un article sur le sujet, explique le phénomène de la manière suivante:

> *Dans une telle situation, un message est émis qui contient deux affirmations qui s'excluent. Le message est «Sois spontané», c'est-à-dire «N'obéis à aucune règle». L'affirmation sur l'affirmation étant «Ceci est une règle que je veux que tu appliques». Autrement dit, pour obéir à l'ordre, il faut lui désobéir, et si on lui obéit, alors de ce fait on lui désobéit. La situation est pire que contradictoire. Elle est à proprement parler paradoxale et défie toute logique.*

Ce même phénomène peut être appliqué à l'idée de projet éducatif. Il y a paradoxe si nous envisageons une application et une diffusion par décret. La double contrainte se formule de la manière suivante: **Vous devez vous prendre en charge en réalisant un projet éducatif.** Se prendre en charge signifie que l'on fait ses propres choix et qu'on les assume. Si je refuse de faire un projet éducatif, c'est peut-être parce que mes choix sont différents. Si j'obéis à la directive, je peux vivre un paradoxe par rapport aux actions que je mènerai par la suite.

Actuellement, il y a un risque de créer une double contrainte par rapport à l'idée de projet éducatif en voulant généraliser son application plutôt que de la faciliter pour ceux qui en font un choix.

Caractéristiques d'un projet éducatif

Le projet éducatif vise entre autres la prise en charge

Une des idées fondamentales du projet éducatif est effectivement la prise en charge d'un milieu restreint. Il s'agit de réunir les forces vives d'un milieu donné (ici, l'école et ses différents partenaires) pour élaborer un projet collectif de développement. Une des exigences, c'est la concertation des différents agents du milieu en question. Cette exigence est souvent conflictuelle avec les intérêts privés de certains individus ou de certains groupes organisés ou corporatistes. C'est un des problèmes de la prise en charge par le développement d'un projet éducatif. Certains ne voient pas la pertinence de se mobiliser avec les autres. Pour eux, il s'agit d'une perte de pouvoir.

Pour se prendre en charge, il faut avoir une marge de manœuvre suffisante. Mais les usagers doivent vouloir l'utiliser. Ce n'est pas toujours évident. La prise en charge implique une certaine recherche d'indépendance. C'est un choix de valeur. La dépendance est souvent plus facile: se laisser porter par les choix que les autres ont faits.

Le projet éducatif favorise une proximité entre les usagers du système et le pouvoir quotidien

Une des principales critiques que l'on fait au système scolaire est qu'il existe une trop grande distance entre ceux qui vivent la quotidienneté de l'école et ceux qui prennent les décisions. Comme si l'on reprochait aux décideurs de ne pas tenir compte de la réalité quotidienne. Comme si les décisions n'avaient aucun rapport avec le vécu.

Depuis plus d'une décennie, on parle de rapprocher les institutions des usagers, c'est-à-dire de ceux qui utilisent un système et qui en font les frais. C'est le phénomène de la décentralisation. On l'observe dans plusieurs domaines, notamment dans les établissements de santé.

L'école n'échappe pas à cette tendance. Le projet éducatif peut devenir un outil permettant à un milieu de se développer selon des orientations décidées par les usagers. Cet effort de décentralisation a également pour but de faire participer les usagers aux actions quotidiennes de l'école. C'est une des possibilités du projet éducatif: générer une forme de participation directe qui s'adapte au quotidien des écoles.

Le projet éducatif réduit les structures à gérer

Des structures trop lourdes risquent d'engendrer la déshumanisation et un alourdissement incroyable de la bureaucratie. On passe alors plus de temps à gérer qu'à agir et qu'à développer. Schumacher (1978), dans son livre *Small is beautiful,* suggère de ramener les organisations à des dimensions réduites, voire artisanales. Il s'agit de revenir à des structures de gestion qui permettent à l'humain d'intervenir directement, sans passer par des réseaux complexes de pouvoir.

Le projet éducatif fait de l'école un lieu de gestion et de développement. C'est une unité administrative suffisamment réduite, où l'on peut sentir que le pouvoir est à notre portée et qu'il peut être partagé. Je reviendrai plus loin sur la question du pouvoir, car certains semblent croire que le projet éducatif est un terrain propice à exercer un rapport de forces.

Le projet éducatif contribue au développement de la participation

Depuis plus de vingt ans, on tente dans notre système scolaire d'inciter les usagers à participer aux structures établies. Diverses formules de participation ont été mises en place avec plus ou moins de succès. Ces diverses structures (comité pédagogique, comité d'école, comité des parents, conseil d'orientation, foyer-école...) sont essentiellement axées sur la formule de la consultation. Elles ne sont pas décisionnelles mais consultatives. De plus, elles favorisent une participation par la représentation. Il s'agit donc de nommer des représentants aux divers comités; les représentants élus tentent de participer à la vie scolaire au nom de ceux qu'ils représentent.

Ces diverses structures, mises sur pied pour favoriser la participation, ont sûrement contribué à faire naître l'idée selon laquelle les usagers, et notamment les parents, ont intérêt à dire leur mot dans les orientations prises par leur milieu. Mais les usagers eux-mêmes notent qu'il est souvent peu motivant de sentir que la participation se limite à une consultation qui leur donne peu d'emprise sur les décisions réelles qui orientent le vécu du milieu. Il est facile d'attribuer le roulement très grand dans ces comités au fait que les participants s'en désintéressent au fur et à mesure qu'ils constatent qu'on ne tient presque pas compte des avis qu'ils formulent.

Il existe deux grandes formes de participation: directe ou indirecte. Celles-ci se distinguent par l'emprise réelle qu'ont les participants sur ce qui se passe dans leur milieu. Une participation directe est possible lorsque les structures permettent aux usagers de faire partie intégrante du processus de prise de décision et de mise en œuvre de ces décisions. Une participation est appelée indirecte dans la mesure où les usagers sont considérés comme des intermédiaires ou des exécutants dans un processus.

La plupart des structures existantes dans le système

scolaire misent sur la participation indirecte. L'idée de projet éducatif peut favoriser un glissement vers une participation plus directe.

L'idée même de projet éducatif comporte la notion de concertation entre les différents partenaires. Se concerter, c'est mettre en commun. La concertation exige que les différents partenaires s'engagent profondément dans le processus et qu'ils y développent un sentiment d'appartenance. Il faut qu'ils puissent sentir que le projet leur appartient, qu'il est le leur.

Le projet éducatif doit être clair dans son concept

J'ai constaté que les gens s'engagent ou se mobilisent dans la mesure où il existe une certaine clarté et une certaine compréhension commune des motifs de leur engagement. Il en est de même pour le projet éducatif. Il est possible d'accentuer la participation directe, dans la mesure où les participants s'entendent sur ce qu'est un projet éducatif. On observe parfois des gens qui veulent se donner un projet éducatif, mais qui ne parlent tout simplement pas de la même chose. Comment peut-on, dans ce cas, en arriver à une concertation et à une action cohérentes?

Un des premiers gestes à poser, au moment de l'émergence d'un projet éducatif, est de définir clairement ce qu'est un projet éducatif, sur quoi porte notre travail lorsqu'on réalise un projet éducatif. Est-ce un plan? Est-ce que cela touche les valeurs éducatives? Est-ce que le consensus est nécessaire? Qu'est-ce que la prise en charge? Est-ce que cela touche l'acte pédagogique? Etc.

Les différents partenaires d'un projet éducatif pourront étudier, dans la documentation pédagogique, les diverses conceptions qui circulent. On fera ensuite un choix. Après quoi, il sera possible de concrétiser ce choix dans des moyens et des actions.

Cette analyse des diverses conceptions permet également d'amorcer une réflexion sur certains éléments qui nous touchent plus particulièrement et qui peuvent devenir significatifs pour les différents partenaires.

Discerner nettement ce qu'est un projet éducatif évite aux partenaires des ambiguïtés et ce, dès le départ. L'idée de projet éducatif a tellement été discutée depuis quelques années que certains, peut-être par facilité, l'ont complètement déformée. Il est assez aberrant de constater que pour quelques-uns, le projet éducatif se résume à la rédaction d'un document qui relate ce qui se fait dans l'école. Le projet éducatif ne serait alors qu'une consignation de ce qui est déjà réalisé. Sous le titre de «Projet éducatif» ont ainsi été publiés des documents qui décrivent l'organigramme de l'école, le nombre d'élèves, les services. Quel raccourci!

Pour ma part, j'ai suggéré dans plusieurs ouvrages (Paquette, 1976, 1979, 1980, 1985) que le projet éducatif devienne un projet de recherche de la cohérence entre nos gestes quotidiens et les conceptions/valeurs qui sont les préférences de notre milieu. Il s'agit en fait de développer un projet qui nous permette d'être attentif aux gestes que nous posons quotidiennement pour rendre cohérente notre intervention éducative. Il nous faut donc, par un projet, chercher à réduire l'écart entre nos gestes quotidiens et les discours que nous tenons sur l'éducation. Nous devons chercher à créer une plus grande cohérence entre nos gestes et notre discours. C'est là une des conceptions possibles du projet éducatif. Elle a le mérite d'être axée sur le quotidien et de se développer progressivement. Nous sommes loin des projets éducatifs qui résument les services donnés dans une école.

Le milieu/école est responsable du contenu du projet éducatif

Il faut faire une distinction entre la définition du concept de projet éducatif et son contenu. Pour expliquer cette distinction, reprenons la définition que je propose pour cerner le concept:

Dans cette perspective, je définirais le projet éducatif comme un processus visant à faire progressivement l'adéquation entre les gestes quotidiens et une ou des conceptions de l'activité éducative.

Cette définition nous apprend que le projet éducatif porte sur **la réduction des écarts** entre nos gestes et une conception de l'activité éducative que nous privilégions. Elle détermine le concept et non pas le contenu du projet qui émergera d'un milieu donné. Celui-ci se doit:

- d'adopter cette définition du concept, si elle est significative pour les partenaires;
- de nommer les gestes quotidiens qui sont posés;
- de cerner la conception que nous voulons privilégier; d'en dégager des principes; d'en dégager des valeurs sous-jacentes;
- de définir un projet pour réduire l'écart entre les gestes observés et les valeurs à assumer;
- de mettre en œuvre le projet de développement;
- d'analyser et d'évaluer régulièrement les diverses phases du projet;
- de redéfinir le projet dès que les partenaires le jugent nécessaire.

Le choix du contenu du projet éducatif appartient au milieu dans lequel il se développera. De plus, ce contenu n'est pas statique. Il peut être redéfini selon le rythme d'évolution des partenaires. Il est préférable de réaliser un projet à sa mesure si l'on veut en tirer profit. Il s'agit d'entreprendre une démarche et de l'articuler en fonction de ses possibilités.

Le projet éducatif permet de saisir la tradition de l'école et d'anticiper les développements

Un projet éducatif est une activité à la fois réflexive et

anticipative. Elle est réflexive parce qu'elle permet de faire un examen en profondeur de la situation actuelle d'un milieu et ce, dans ses diverses manifestations. C'est ce que nous appelons l'analyse de la tradition pédagogique du milieu. Analyser et réfléchir sur les gestes que nous posons, sur les valeurs que nous assumons actuellement, sur nos réactions par rapport à ces constats. Il s'agit, en fait, d'entreprendre une réflexion sur le vécu immédiat de notre milieu.

Le projet éducatif est également une activité anticipative qui nous permet, à partir d'une réflexion sur le vécu du milieu, de prévoir les mesures à prendre pour assurer une cohérence progressive. C'est le sens même de l'expression «être en projet». Avons-nous le besoin et la volonté de consolider ou de transformer la situation de notre milieu? En d'autres mots, avons-nous le besoin et la volonté de consolider ou de transformer la tradition pédagogique de notre milieu?

L'idée même de projet éducatif consiste à examiner la tradition pédagogique d'un milieu et à faire le choix suivant: est-ce que nous souhaitons consolider cette tradition ou est-ce que nous souhaitons innover par rapport à cette tradition? Si nous souhaitons consolider cette tradition, nous mènerons un projet éducatif de type rénovateur, c'est-à-dire que nous tenterons par diverses opérations d'être plus cohérents avec la tradition pédagogique et de l'établir plus solidement dans le milieu. Si, par contre, nous souhaitons innover par rapport à cette tradition pédagogique, nous tenterons par le projet qui sera défini dans le milieu de rompre avec cette même tradition.

Ce second projet éducatif, de type innovateur, exige évidemment des énergies et des ressources très différentes du premier. Un projet éducatif innovateur vise, somme toute, à créer dans le milieu, par diverses opérations de développement, une nouvelle tradition pédagogique.

Le projet éducatif s'enracine donc dans le vécu

immédiat d'une collectivité qui fait des choix pertinents pour son développement. Un projet éducatif ne se situe pas dans l'ordre des principes, mais dans l'ordre du vécu d'un milieu. Il s'agit de passer du simple discours à une volonté collective d'agir solidairement en vue du développement de son milieu éducatif, et ce selon des valeurs importantes pour les différents partenaires.

Un départ connu, mais une destination incertaine

Le départ d'un projet éducatif, c'est la connaissance et la reconnaissance de la tradition pédagogique. Par la suite, des choix devront être faits. Mais dans toute entreprise de changement, les résultats réels sont largement imprévisibles. Ce sont les actions concrètes qui indiqueront progressivement les effets réels obtenus. Il y a du prévisible et de l'imprévisible. Dans le domaine du développement humain, l'imprévisible est souvent plus fréquent que le prévisible. Pour illustrer ce phénomène, voici le témoignage d'une participante à une session de travail sur le projet éducatif. Dans des propos imagés, l'auteure de ce texte situe assez bien notre position sur le sujet:

La grande ouverture

Depuis le début de l'année scolaire, se brassent un peu partout des journées d'animation sur un concept que chacun croyait connaître et utiliser régulièrement dans son milieu: le projet éducatif.

Jusqu'à récemment, un projet éducatif semblait se construire par la vie usuelle d'organisation, c'est-à-dire: exploration des besoins, des idées; plan d'action et mise en marche; évaluation des résultats. Un projet éducatif compris dans ce sens s'appliquait donc à toute activité nouvelle, excitante, et se terminait par la satisfaction de ses participants, et on passait à un autre projet éducatif. Mais qu'est-ce qu'on pouvait donc apprendre de mieux dans ces journées d'animation? Claude Paquette nous a présenté ce qu'était, selon lui, l'essence même d'un projet éducatif, que je résumerais comme «un voyage vers l'inconnu, un nowhere somewhere!»; on sait d'où et comment on part, sans préciser le point d'arrivée, si ce n'est la «possibilité d'arriver quelque part!». C'est comme un grand voyage en automobile où l'on écoute son goût d'arrêter un peu partout, n'importe où, d'embarquer du monde en cours de route, de changer son itinéraire au fil des intérêts et du plaisir qui se développent et, surtout, d'avoir à l'esprit que le voyage arrêtera peut-être si le moteur claque. C'est drôlement différent de l'usage régulier et quotidien d'une automobile.

Par cette analogie, on pourrait concevoir le projet éducatif comme étant rempli de souplesse, d'intérêts, de réactions, de critiques et même de plaisir! L'esprit du projet éducatif est contre la vitesse, l'urgence et les idées fixes; il est fonctionnel dans la mesure où il va où les gens veulent aller; et, tel le grand voyage de vacances, on peut se réajuster n'importe quand si ses chauffeurs le désirent. L'essence d'un projet éducatif, je l'ai trouvée au garage **Cohérence et fils**, où là, ce qu'on te dit, on te le fait! Pas de discours ou d'excuses remplis de bonnes intentions sans démontrer que **ce que l'on pense, on le fait** (dans la mesure du possible). Des gars vraiment fiables, qui ont **choisi**, sans plus, d'être cohérents avec leur personnalité et leurs actions, qui sont bien recevants et qui aiment que tout le monde passe faire un tour, quand ça leur «adonne»! **L'esprit** du projet éducatif déborde largement une journée le 8 à 3, comme disponibilité intellectuelle et affective envers ce qui intéresse les **voyageurs;** avoir son projet éducatif, c'est comme redécorer toute la boîte, afficher ses couleurs à soi et **attirer**

clairement ceux qui auraient le goût d'embarquer
dans ce coloriage de nos idées et de nos actions.
C'est un moyen de rentabilisation de soi-même et
de notre milieu...
(Extrait d'une réflexion de Yolande Perreault)

Une documentation abondante

Rarement une idée aura-t-elle suscité un aussi grand nombre de publications dans le monde de l'éducation. Nombreux sont les intervenants et les organismes qui ont tenté de décrire cette idée, tant dans ses principes que dans ses manifestations. Cette documentation peut favoriser une plus grande compréhension du concept, mais elle peut également susciter des interrogations sur son applicabilité: les cadres d'action sont multiples.

Il ne faut pas entendre par là que la diversité n'est pas nécessaire, mais l'on peut s'interroger sur la pertinence de certains textes qui, à mon avis, n'expliquent pas suffisamment le sens même de l'idée. En d'autres mots, certains textes ne présentent pas le projet éducatif en soi. Ils le définissent comme de «l'ancien servi à la moderne». Le même phénomène se produit chaque fois qu'un auteur décide de remanier son approche pour qu'elle puisse être utilisée dans un nouveau contexte. C'est le cas lorsqu'on présente un outil presque magique qui permet de réaliser un projet éducatif et qui comporte les éléments suivants:

- faites passer un questionnaire pour bâtir le projet;
- fixez quelques objectifs;
- utilisez telle technique d'analyse et votre projet naîtra;
- formulez des hypothèses et vérifiez-les; vous aurez alors un projet éducatif.

Ces techniques sont valables en soi, mais elles ne peuvent faire naître une démarche collective de prise en charge. Elles peuvent soutenir une telle démarche à un moment donné, mais c'est avoir une conception réductionniste des choses que de penser que cela est suffisant pour se donner un projet de développement issu du milieu.

La documentation publiée à ce jour a le mérite de souligner les diverses tendances actuelles en ce qui concerne la promotion d'une nouvelle idée. Voici quelques tendances qui se manifestent à travers ces écrits.

La première tendance pourrait être qualifiée d'intégriste. Il s'agit des documents qui identifient le projet éducatif, tant dans son concept que dans son contenu. Le fait de nommer au préalable le contenu du projet est ici essentiellement important. Les auteurs de ces textes sont d'accord avec l'idée de projet éducatif, mais à la condition expresse que certaines valeurs soient inscrites dans celui-ci. Nous avons vu certains organismes (commission scolaire, comité catholique, association de parents catholiques) donner leur accord à cette idée, mais à la condition que leurs valeurs soient obligatoirement inscrites dans le projet. Cette tendance intégriste est fortement enracinée dans certains milieux. Le projet éducatif devient alors un simple prétexte pour mieux imposer ses options au milieu. Essentiellement, les valeurs proposées par les intégristes sont celles de la tradition.

La deuxième tendance pourrait être apparentée au courant anarchique. On laisse chacune des écoles définir le concept et le contenu. Si un milieu décide que le projet éducatif consiste à décrire l'organisation de l'école, c'est parfait. Si un autre décide que son projet éducatif aura pour fonction d'organiser quelques sorties sociales, c'est parfait aussi. Cette tendance a le mérite de laisser entière liberté au milieu-école. Par contre, elle ouvre la voie à tous les abus et à tous les jeux de pouvoir. Un directeur d'école, par facilité, pourrait facilement imposer une vision très simpliste du projet éducatif et réduirait ainsi les possibilités d'intervention des agents du milieu sur des éléments essentiels. De plus, les possibilités de communication et d'échange entre les milieux sont réduites au maximum dans cette tendance. Il s'y développe un langage et des approches difficilement communicables à cause du peu de liens unificateurs entre les différents milieux.

On peut observer une troisième tendance dans les différents textes publiés: la tendance systémique. Ces documents sont teintés par la théorie générale des systèmes selon laquelle, dans des opérations de développement, il est nécessaire de respecter la complexité et la dynamique des systèmes et des acteurs qui en font partie. Selon cette tendance, un projet éducatif doit se développer à partir d'une approche interactionnelle. Cette approche exige que les agents du milieu tiennent compte à la fois de leurs intérêts et de leurs préoccupations, mais qu'ils les mettent aussi en interaction avec les diverses approches qui circulent dans leur environnement. Ils ne vivent pas dans des milieux aseptisés et doivent examiner les divers jeux d'influence qui s'exercent sur les choix qu'ils font et sur les actions qui en découlent.

Une quatrième tendance se dégage des différents documents disponibles. C'est la tendance systématique. Pour les tenants de celle-ci, il s'agit de savoir ce qu'on veut faire et d'en tracer un plan. Entendons par là qu'il faut définir objectivement ses priorités, se donner des moyens, se fixer un échéancier et, par la suite, entreprendre une opération de marketing pour «vendre» le plan au milieu. On remarque que ceux qui prônent ce système ne trouvent souvent pas grand-chose de neuf dans l'idée de projet éducatif. Pour eux, c'est une tendance qu'il faut «mettre en plan». Il suffira de passer beaucoup de temps à élaborer un plan qui prévoira toutes les possibilités; il sera alors très facile de faire des projets éducatifs.

Des essais prometteurs

Déjà, plusieurs écoles ont rédigé des bilans de leur démarche par rapport au projet éducatif. Il est particulièrement intéressant, à mon sens, qu'on prenne la peine de rédiger des rapports d'étape sur le cheminement du projet. Cela permet d'obtenir une représentation concrète de ce qui facilite et de ce qui entrave le travail d'un milieu qui décide de se prendre en mains. De plus, certains organismes (Conseil supérieur de l'éducation, ministère de l'Éducation, Association des écoles privées...) ont proposé plusieurs analyses de projets dans différents milieux.

Plusieurs éléments importants ressortent de la lecture de ces rapports et des échanges qui ont eu lieu avec leurs auteurs. Le premier est la relative facilité avec laquelle un milieu peut élaborer un projet et y faire participer les différents intervenants, lorsque le concept est clair et bien compris par tous les partenaires. Il est plus facile de mobiliser les différents agents d'un milieu lorsque ceux-ci ont passé suffisamment de temps à articuler et à saisir le sens de ce qu'est un projet éducatif. Ils savent dans quoi ils s'engagent. Par la suite, le contenu se précise progressivement et il est alors plus facile d'en arriver à des prises de décision collectives.

Projet éducatif	
Style de pédagogie de l'école	Décisions sur les activités courantes
Perfectionnement	Vie des comités
Implantation de nouveaux programmes	Implantation de nouvelles politiques

Fig. 1 Un projet éducatif unificateur.

Le deuxième élément qui ressort de ces analyses, c'est que les milieux qui cheminent le mieux sont ceux qui font du projet éducatif un pivot de l'ensemble des activités de la vie de l'école. Ils ne considèrent pas le projet éducatif comme une activité complémentaire mais comme une activité unificatrice. Elle sert de base à l'ensemble des activités de la vie quotidienne de l'école.

Ces études font également ressortir que le milieu-école chemine davantage dans un projet éducatif lorsque le projet est assorti d'une politique de soutien. En effet, certaines commissions scolaires ont révisé leur attitude par rapport aux écoles et elles s'efforcent dorénavant de soutenir l'école dans son développement au lieu d'être les initiatrices de ce développement. Ces diverses politiques de soutien amènent la commission scolaire à se définir davantage comme un organisme de service. Ce rôle est en conformité avec l'idée même de projet éducatif.

Chapitre 2

Une définition du projet éducatif

L'idée inspire l'action. L'action raffine l'idée. L'idée que je me fais d'un projet éducatif s'est développée selon ce processus. Il se consolide et s'articule progressivement au fur et à mesure des expériences quotidiennes. Nous apprenons à mieux le nommer, à mieux le cerner, à en voir les ressources et les limites dans le monde scolaire. Par le fait même, il devient plus facile de lui trouver un sens, des critères, des composantes et des outils. Cette expérience quotidienne et continue dans certains milieux scolaires permet de tester le concept, de dégager des règles et d'en analyser les effets possibles sur une collectivité. À mon avis, il s'agit là d'une richesse que nous devons explorer.

Dans ce chapitre, je présente une définition plus en profondeur de l'idée de projet éducatif: un processus basé sur la recherche de la cohérence dans une perspective d'éducation aux valeurs. C'est une approche systémique basée sur une valeur globale: la recherche de la cohérence. Avant d'aborder cette définition, je voudrais signaler certains abus par rapport à cette idée de projet éducatif. Ces exemples montrent comment une idée peut perdre tout son sens quand elle n'est pas intégrée dans une réflexion globale.

Une idée mal comprise et fourre-tout

Il est intéressant de noter comment certains milieux ont pour leur part récupéré rapidement le concept pour éviter d'avoir à dépasser leur quotidien. Dans ces milieux, on se sert du terme «projet éducatif» pour nommer des choses qui se font depuis longtemps. Quelques exemples:

- Une commission scolaire a regroupé des programmes de matières scolaires, les a brochés ensemble et a ajouté une somptueuse couverture intitulée «Le projet éducatif de la Commission Scolaire…»;
- Une école se donne comme priorité d'augmenter de 3 % sa moyenne en français au niveau provincial; c'est son projet éducatif.
- Une école organise une journée de plein-air en mai; c'est son projet éducatif.
- Une école décrit dans un document son horaire, son personnel, le matériel de l'école, le budget; c'est son projet éducatif.
- Une commission scolaire planifie des ateliers pour les enseignants lors des journées pédagogiques; c'est son projet éducatif.
- Une commission scolaire se réclame du projet éducatif pour justifier ses décisions administratives.

Cette récupération sème la confusion dans les divers milieux et ce, à plusieurs niveaux. Premièrement, on croit que le projet éducatif se résume à décrire les opérations routinières et quotidiennes. Deuxièmement, on simplifie magistralement une idée fondamentale, soit celle du développement. Enfin, on se donne bonne conscience: «Nous aussi, on a un projet éducatif.» Il suffit, semble-t-il, de le nommer pour qu'il soit réalisé. Vision simpliste, mais qui correspond fort bien à deux attitudes acquises dans plusieurs milieux: celle de confondre l'intention et l'action; et celle de croire qu'on fait des choses parce qu'on y a pensé. La première mène à la stagnation. La seconde à l'illusion. L'effet: croire que l'on change alors que l'on piétine. Je reviendrai plus loin sur ces attitudes parce qu'il me semble qu'il s'agit là de l'un des pièges que comporte l'idée de projet éducatif en milieu scolaire.

Les distinctions

L'unanimité semble se faire autour du point suivant: le projet éducatif se conçoit et se développe à l'école même comme entité organique. C'est un fait acquis. Par contre, plusieurs distinctions commencent bientôt à apparaître: projet éducatif, projet pédagogique, projet scolaire... Ces distinctions peuvent n'être qu'un simple jeu de l'esprit si, fondamentalement, il s'avère qu'elles reposent sur les mêmes principes et sur les mêmes exigences.

Les limites du modèle hiérarchisé

Le projet éducatif est partie intégrante de l'école, c'est acquis. Par contre, certains tentent de construire un modèle hiérarchique pour développer l'idée. On parle alors du projet de la commission, du projet régional, du projet de la région administrative, du projet national québécois et même, chez quelques-uns, du projet pan-canadien.

Un tel modèle a les avantages de sa rationalité mais ne respecte en aucune façon les règles minimales d'un projet issu du milieu. C'est en fait un modèle reproductif. Le projet de l'école n'est qu'un transparent d'un projet toujours issu de plus haut. Les liens de cohérence de ce modèle semblent aller de soi. Il suffit de suivre la ligne hiérarchique. Ce modèle linéaire nie la réalité. Celle-ci n'est jamais aussi simple. Les rapports sont multiples. Les interférences sont permanentes et diverses. Le caractère humain du système éducatif nous empêche de croire à des démarches si élémentaires.

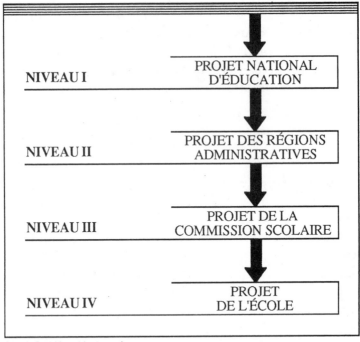

Fig. 2 La hiérarchie du projet

Un modèle de ce type a un avantage évident pour les tenants de l'attentisme. On attend toujours après l'autre niveau. «On ne peut agir, ils ne nous ont pas encore transmis leur projet.» Et l'on se perd encore une fois dans les grandes discussions: «Qu'est-ce qui peut être considéré du niveau I, du niveau II, etc.?».

Il me semble évident qu'on doit connaître les grandes orientations nationales. Il faut cependant noter qu'elles ne peuvent être que larges. Elles ne sont qu'une toile de fond, une référence. Les grandes orientations inspirent, balisent les actions des différents milieux. Elles se concrétisent dans la mesure où des gens dans le milieu se regroupent et nomment leurs valeurs, leurs aspirations, et qu'ils les transcrivent dans un projet engagé. Le modèle hiérarchique ne doit pas être une entrave à la prise en charge. Au lieu de parler de projets pour chacun des niveaux, je crois qu'il est préférable de s'en tenir aux grandes formulations suivantes. Par exemple, un ministère doit fournir le cadre général de l'éducation. Une commission scolaire ou un conseil scolaire doit teinter ce cadre général dans une mission qui s'ajuste à sa collectivité. Elle doit tenir compte des intérêts et des préoccupations de ses usagers et de son personnel. L'école élabore un projet éducatif qui s'inspire du cadre général et de la mission du système. Il s'agit d'influences mutuelles.

Une définition exploratoire

Je propose de définir le projet éducatif comme étant la recherche d'une adéquation. Dans ce texte, je voudrais reprendre cette définition, l'explorer et finalement l'élargir.

Il faut revenir aux deux termes mêmes de l'idée: projet et éducatif. La dimension projet est vitale. Le terme indique un mouvement, un développement. Un projet, ce n'est pas un acquis, c'est un construit. Être en projet indique clairement le mouvement, la recherche, l'interrogation, l'essai et la concrétisation éventuelle. Un projet vise un développement. Il vise au moins une plus-value. Un projet est contraire à la stagnation, à l'immobilisme et à l'attentisme. Le mot éducatif a été apposé au mot projet. Donc, un développement «éducatif». Mais qu'est-ce qui peut être considéré comme «éducatif»? De toute évidence, on pose le problème des philosophies de l'éducation. On pose le problème des valeurs à promouvoir à l'école. Unanimité, consensus, désaccord?

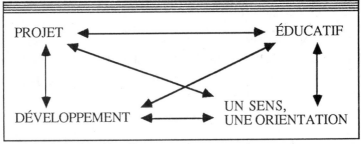

Fig. 3 L'idée de projet éducatif

Dans cette perspective, je définirais le projet éducatif comme un processus visant à faire progressivement l'adéquation entre les gestes quotidiens et une ou des conceptions de l'activité éducative. Reprenons cette définition.

1. C'est un processus.

Cela implique donc un cheminement caractérisé par des stratégies, des démarches et des outils d'intervention.

2. Ce processus implique une progression.

Il se traduit par une série d'actions continues dans le temps et l'espace.

3. Ce processus a une finalité.

Il vise essentiellement une recherche d'adéquation entre deux états. En fait, il s'agit de réduire un écart. Dans ce sens, un projet éducatif sera réussi dans la mesure où on pourra voir que l'adéquation est plus grande entre les interventions quotidiennes et les valeurs qui les inspirent. C'est la plus-value.

4. Ses objets essentiels: le quotidien et les valeurs

Le projet éducatif est un processus visant une recherche de cohérence. Il cherche à réduire l'écart entre les gestes quotidiens des intervenantes et des intervenants et une ou des conceptions de l'activité éducative: l'orientation pédagogique de l'école, ses valeurs, son sens et son style.

Une définition dynamique

Cette définition situe le projet éducatif dans une dynamique. Celui-ci est centré sur le cheminement du milieu, mais à travers une inspiration, un sens ou une orientation. Ce souci de réduire l'écart entre nos gestes et nos discours est d'une extrême importance. C'est le pivot même de l'idée de projet éducatif. C'est un souci de la recherche d'une cohérence dans l'école. Il s'agit même d'une préoccupation éthique. L'école est un lieu d'influences. C'est une question d'éthique d'en arriver à nommer la direction de cette recherche d'influence.

L'éthique de la cohérence

Cette dimension de la cohérence n'est pas une préoccupation très présente dans nos milieux éducatifs. Que de fois nos gestes ne traduisent pas nos paroles! Notre discours est plus ample, plus généreux que nos gestes éducatifs. À titre d'exemple, ces enseignants d'une polyvalente qui demandent que le sens de l'effort soit valorisé chez les étudiants et ce, avec un important dispositif d'arguments. Par contre, ils exigent que ce soit la direction qui rédige le projet: eux n'ont pas le temps; c'est trop long; il serait difficile de s'entendre; ce n'est pas prévu dans l'horaire de travail; etc. C'est un discours sur l'effort, mais ce que nous observons, ce sont des gestes pour y échapper. Un autre exemple: des directions qui surveillent et qui réprimandent tous les manques à la ponctualité alors qu'une réunion de directeurs d'école commence très rarement à l'heure.

Le manque de cohérence entre nos gestes et nos discours est encore plus évident lorsqu'il s'agit de l'acte pédagogique. Écoutez les discours pédagogiques du personnel enseignant et des cadres scolaires et vous croirez à une révolution dans nos écoles. Par contre, l'observation de la réalité nous fait découvrir une pédagogie souvent statique. La pédagogie encyclopédique (pédagogie de la bonne réponse) domine encore aujourd'hui malgré tous les appels à l'innovation. Pourtant le discours pédagogique annonce une autre réalité. Un projet éducatif permet d'apprendre que le discours n'est pas la réalité. Il permet également de saisir que les gestes doivent être éclairés d'un discours qui s'harmonise avec ceux-ci.

Une théorie professée ou assumée

Revenir à un examen constant de la pertinence de ces gestes, de leur sens, de leur évolution est le cœur même du concept «être en projet». Comment peut-on penser à une action pédagogique pertinente si nous ne procédons pas à une analyse rigoureuse de nos gestes ainsi que des principes et des valeurs qui les sous-tendent? Ou encore, comment peut-on faire la promotion de nouveaux principes, de nouvelles valeurs si nous ne nous interrogeons pas sur les gestes qui favorisent leur mise en place? Les principes et les valeurs éducatives se nomment. La gestuelle les traduit et les rend observables. C'est une interaction fondamentale.

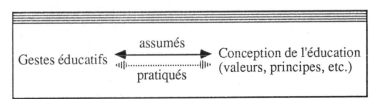

Fig. 4 Gestes et conceptions.   Selon les travaux de Argyris et Schon

Il est important de faire la distinction entre la théorie professée et la théorie assumée. Nous pouvons tenir un discours et ne pas le transcrire dans la réalité (écart entre les aspirations réelles et les gestes assumés). Nous pouvons tenir un discours et ne pas vouloir l'assumer (écart entre les aspirations et le discours). Nous pouvons également tenir un discours et croire qu'il est appliqué même si l'on pose des gestes qui font penser le contraire (illusion de la cohérence). Nous pouvons poser des gestes sans en connaître le sens (une pratique sans fondement conscient). Des aspirations éducatives, il en circule beaucoup. Poser des gestes pour tenter de les traduire est un effort difficile. Assumer nos discours est un test profond et authentique dans notre cheminement d'éducateurs. Ce souci de l'adéquation nous évite les discours trop généreux qui ne sont pas à notre mesure.

La clarification des valeurs éducatives

Un des éléments fondamentaux de l'idée de projet éducatif est certes la clarification des valeurs dans un milieu donné. Cette dimension implique que les différents agents d'un milieu puissent à des moments privilégiés se pencher sur les valeurs dont ils jugent la promotion nécessaire dans un système éducatif. Le concept même de valeurs comporte un très grand nombre d'ambiguïtés. Certains ont tendance à réduire la démarche à la simple élaboration d'une liste de ce que l'on conviendrait d'appeler «les bonnes valeurs». Par voie de conséquence, ils dressent une autre liste des valeurs à rejeter ou «valeurs à proscrire dans un système éducatif». Cette démarche peut s'avérer très peu rentable dans un projet éducatif. Il est loin d'être certain qu'une telle liste recevrait l'assentiment d'une collectivité. De plus, il s'agit d'une démarche assez simplificatrice. Un milieu vit souvent une pluralité tant sur le plan des valeurs de référence que sur celui des valeurs de préférence.

Un deuxième point important lorsqu'on parle de la clarification des valeurs est la difficulté de nommer les valeurs qu'on voudrait promouvoir dans un système éducatif. J'ai souvent examiné des listes de valeurs élaborées par les gens dans différents milieux. Nous retrouvons sur ces listes des éléments souvent très disparates. On met côte à côte des points comme: motivation de l'élève, développement intégral, liberté, respect de l'autorité, harmonie, nature, coopération, compétition, etc. Ces listes font apparaître très clairement leur ambiguïté lorsqu'il s'agit de nommer des valeurs qui nous semblent importantes. Tout n'est pas une valeur même si l'on donne de la valeur à un principe ou à une croyance.

La préférence et la référence

Toutes les analyses que j'ai menées sur les valeurs individuelles et sociales me confirment la pertinence de distinguer deux grandes catégories de valeurs. La préférence peut être à la fois individuelle ou collective, c'est-à-dire qu'il peut s'agir d'un individu qui effectue un choix personnel (rationalisé ou non) quant au type de valeurs dont une société ou un système éducatif devrait faire la promotion.

Cette préférence peut être le choix d'une collectivité qui, compte tenu d'une conjoncture, compte tenu de choix éducatifs, décide de favoriser plus particulièrement telle valeur plutôt que telle autre. Cette préférence est évidemment très liée à ce que sont les individus à un moment précis dans une collectivité. On peut penser que la préférence peut se modifier avec le temps. Il ne s'agit pas d'un choix définitif ou d'un choix permanent. Par exemple, un individu ou une collectivité peut choisir de faire la promotion de la coopération plutôt que de la compétition, de la liberté plutôt que de la dépendance, du respect de l'autorité plutôt que du respect individuel. Ces choix ne suscitent pas nécessairement une adhésion globale, une acceptation unanime des différents agents du milieu. Ces choix expriment une préférence.

Nommer des préférences permet de tâter le terrain et d'examiner les diverses polarisations d'un milieu. Ce sont des préférences. Il ne faut surtout pas prétendre qu'elles sont intégrées dans les vies individuelles et sociales. Il s'agit d'aspirations. Le véritable test a lieu lorsque nous tentons de voir si elles se traduisent dans des gestes quotidiens. L'analyse des faits permet de révéler cette dimension.

En parlant d'une référence, nous allons beaucoup plus loin dans l'idée même de clarification des valeurs éducatives. Nous ne sommes plus sur le terrain des aspirations, mais bien sur celui de ce que nous assumons effectivement dans la réalité quotidienne. C'est l'équivalent de la théorie assumée. Nos valeurs de référence peuvent être en harmonie avec nos préférences. Tout comme il peut y avoir des écarts considérables. C'est tout le problème de la cohérence: changer nos aspirations ou transformer notre gestuelle.

La logique du grand et du petit: une entrave à la cohérence

En parlant de valeurs dans un milieu éducatif, on voit apparaître chez les éducateurs deux logiques tout à fait différentes. La première logique est celle du grand et du petit. Il s'agit de cette tendance que plusieurs éducateurs ont de tenter de définir en langage d'adulte ce qui leur semble être bon pour le petit. J'entends ici par petit, l'enfant, l'adolescent, le subalterne. Dans le langage quotidien des milieux, cette phrase revient très souvent: «L'enfant a besoin de...» Par exemple: un enfant a besoin d'une bonne discipline, il aime la fermeté; dès lors, on entreprend l'éternelle discussion: «C'est quoi la discipline?» et on repart dans les discours, bien entendu en parlant de l'autre.

L'autre, c'est celui que l'on considère comme étant le petit, celui qui a besoin qu'on lui définisse un ensemble de valeurs, un ensemble de besoins. Il est loin d'être certain que l'ensemble des valeurs qui peuvent être définies de cette manière dépasse le stade de la préférence. On voit très souvent des gens entreprendre ce type de démarche, c'est-à-dire définir ce qui est bon pour l'autre.

En règle générale, ces essais de définition sont très généreux. On aime mentionner l'ensemble des éléments qui doivent être développés chez l'autre. Cette générosité peut être valable, mais il y a lieu de s'interroger sur la pertinence des actions qui sont consécutives à cette démarche. Il est important de noter que c'est une tendance très actuelle lorsqu'on parle de valeurs dans les milieux éducatifs.

Rappelons l'exemple que j'ai mentionné précédemment de ce groupe de professeurs qui jugeaient essentiel que l'autre, c'est-à-dire l'étudiant, développe un sens de l'effort dans le travail tandis qu'eux-mêmes faisaient tout pour échapper à cette même valeur.

La logique de la réciprocité: une source de cohérence

La deuxième logique, c'est ce qu'on pourrait appeler une logique de la réciprocité. En termes plus simples, il s'agirait de dire tout simplement que, si l'on juge qu'une chose est valable, souhaitable pour l'autre, elle est nécessairement souhaitable pour soi-même. Par exemple si, dans un milieu, on souhaite favoriser la liberté de faire des choix, d'être autonome, l'essentiel, dès le point de départ, est d'examiner chez les éducateurs eux-mêmes si cette dimension fait partie de leur vie, de leur conduite quotidienne.

Suivant cette logique, l'examen et la clarification des valeurs dans un milieu donné doivent commencer sur le terrain même des éducateurs plutôt que sur celui des étudiants. En fait, il s'agit d'examiner chez les éducateurs quelles sont les préférences et les références dans les valeurs. Évidemment, il est plus exigeant d'entreprendre une démarche conséquente avec cette logique qu'avec la précédente.

Une définition du mot valeur

Une valeur peut être définie comme une référence déterminante pour la conduite d'une vie. En d'autres mots, il s'agit d'une toile de fond qui s'avère essentielle pour l'individu. Donc sur le plan des références déterminantes, il est clair, à mon avis, qu'il ne peut y avoir un très grand nombre de valeurs. Cette constatation s'avère importante dans le contexte d'un projet éducatif. Un projet défini dans un temps déterminé ne pourrait, à mon sens, faire la promotion que d'un nombre limité de valeurs. Par contre, l'évolution du projet au cours des années permettrait d'élargir les valeurs qu'un milieu assumerait progressivement. Lorsqu'on parle de valeurs, il est important de revenir au sens même du mot «éduquer». L'éducation est en fait un choix d'influence.

Un éducateur veut, par ses actions, par ses choix et par sa relation avec un éduqué, faire la promotion d'un certain type d'influence. Il est important de noter que l'effet des gestes des éducateurs est de l'ordre de la probabilité. L'éducateur ne peut prétendre que les gestes qu'il pose, les valeurs dont il fait la promotion à travers ses gestes, auront une influence définitive sur l'étudiant. On sait pertinemment que les réseaux d'influence sont multiples, asymétriques et discontinus. Un seul réseau d'influence ne peut avoir un effet définitif sur l'individu.

Un père qui croit nécessaire de faire la promotion du respect de l'autorité auprès de ses enfants ne peut prétendre que l'effet de ses interventions sera que ses enfants seront à leur tour des promoteurs du respect de l'autorité auprès de leurs propres enfants. De même, nous ne pourrions prétendre qu'un projet éducatif qui vise à faire la promotion d'un certain nombre de valeurs plutôt que de telles autres aura un effet certain sur les étudiants qui seront engagés dans ce projet. La question importante à se poser est celle-ci: «Quels sont les éléments essentiels à retenir si l'on veut qu'un projet ait un maximum de probabilités d'influence chez ceux à qui il s'adresse et chez ceux qui le vivent?» Ces éléments essentiels sont, à mon sens, les suivants. En premier lieu, l'éducateur (terme pris ici dans son sens très large) doit s'interroger et clarifier pour lui-même, dès le départ, quelles valeurs sont déterminantes dans sa propre conduite. Il s'agit en fait de s'examiner sur son propre terrain avant de commencer à vouloir le transposer chez les autres. Le deuxième élément est celui-ci: «Est-ce qu'on accepte de faire la promotion de ces valeurs?» En faire la promotion et les assumer dans sa quotidienneté sont des éléments vitaux pour la conduite d'un projet éducatif. Comment pouvons-nous espérer qu'un projet visant à un développement dans un milieu ait des chances de se maintenir si ce minimum de cohérence n'existe pas? Comment pourrions-nous prétendre que les valeurs dites éducatives d'un projet auront un effet sur un milieu donné si les tenants de ce projet ne vivent pas pour eux-mêmes ces valeurs?

Les valeurs éducatives

Il est important à ce moment-ci de prendre position sur le concept même de valeurs éducatives. Je crois que certaines valeurs sont éducatives dans la mesure où on accepte d'en faire la promotion et dans la mesure où on cherche à les assumer dans sa quotidienneté. Par conséquent, nous pouvons prétendre qu'il existe une plus grande probabilité d'influence dans un projet donné.

Une démarche de clarification des valeurs devrait, à mon sens, comprendre trois étapes fondamentales et complémentaires. Une première étape consiste à porter un regard critique sur les valeurs assumées par nos gestes éducatifs. En deuxième lieu, il s'agit d'examiner notre manière d'en faire la promotion dans un milieu déterminé. Dans un troisième temps, il est important d'analyser nos aspirations, c'est-à-dire de voir ce que nous voudrions transformer dans nos gestes, dans nos cadres de référence. Cette dernière étape peut nous permettre de nous dépasser, d'aller vers des horizons nouveaux. Pour moi, il est important que, dans un projet éducatif, l'examen et la clarification des valeurs que nous voudrions promouvoir et assumer soient le fait autant des éducateurs que de ceux qui interagissent avec eux. Dans cette perspective, tous ont un projet éducatif, tous sont à la recherche d'une adéquation entre la pratique quotidienne et la conception de l'éducation.

Vu sous cet angle, avoir un projet éducatif ne peut se résumer à établir un certain nombre de priorités pour les étudiants. Il s'agit en fait d'une entreprise collective qui touche les différents agents d'un milieu. Si l'on accepte que, dans un projet éducatif, on favorisera un certain type de valeurs plutôt qu'un autre, il est important que les différents agents éducateurs cherchent à établir les liens de cohérence entre leurs diverses interventions.

Par le fait même, le projet éducatif assure une croissance tant aux éducateurs qu'aux étudiants d'un milieu donné. Pour moi, le terme éducateur doit être pris dans une perspective très large. L'enseignant, le parent, le psychologue, la direction d'école, les intervenants communautaires sont autant de réseaux d'influence. Cette entreprise est, à mon avis, une démarche d'apprentissage tant pour les étudiants que pour les intervenants. Si l'on accepte cette perspective d'apprentissage, alors tous nous avons un cheminement à faire et le projet éducatif peut devenir l'élément mobilisateur pour entreprendre une démarche commune. Évidemment, les effets de cette démarche seront différents d'un individu à l'autre, d'un groupe à l'autre dans la collectivité. L'important, ce n'est pas d'obtenir des résultats semblables, mais d'obtenir un résultat personnalisé à notre mesure et qui soit source d'expériences dans notre vie d'éducateur.

Le danger des modèles éducatifs

Évidemment, lorsqu'on pose le problème des valeurs dont on fera la promotion dans un projet éducatif, on se rend compte que cette dimension est étroitement liée à celle des modèles éducatifs. Un système de valeurs donné (par exemple, la liberté, l'autonomie, la prise en charge) se traduit par certaines pratiques pédagogiques qui relèvent d'un ou de plusieurs modèles de travail. Ces différents cadres de référence sont importants mais sont source d'un très grand nombre de dangers. Plusieurs chercheurs et praticiens québécois (Angers, Bertrand et Valois, Paquette) ont contribué à élaborer depuis plusieurs années des modèles typologiques pour analyser les diverses pratiques pédagogiques. Ce travail consistait à se donner des typologies pour examiner la réalité. Je crois toujours qu'il est essentiel de se donner ce genre d'outil d'analyse et je pense également que, dans un projet éducatif, cette analyse s'avère importante. Comme je le signalais souvent à des groupes d'éducateurs qui utilisent certains des outils que j'ai créés pour l'analyse des courants pédagogiques, l'important ce n'est pas d'être dans le «bon carreau», mais plutôt d'arriver à se situer.

Dans un projet éducatif, cette dimension est très importante. Après avoir réussi à clarifier les diverses valeurs à assumer, il faut examiner la situation pédagogique de l'école, sa pratique quotidienne. Cette analyse permet à l'éducateur de se situer pour lui-même et de le faire à partir de diverses philosophies de l'éducation. J'ai souvent constaté que l'éducateur qui réussit à faire une analyse serrée de sa propre pédagogie peut plus facilement, par la suite, entreprendre des opérations de développement.

Cette analyse situationnelle doit se faire en vue, non pas de juger la pédagogie, mais d'essayer de la comprendre. L'analyse de sa pédagogie est aussi importante pour l'enseignant dans sa classe que pour le parent à la maison. Une pédagogie dépasse l'utilisation de techniques, de procédés ou de méthodes. Chacun, dans ses interventions avec les enfants, a une pédagogie; que ce soit l'éducateur ou le parent, chacun a une manière d'inscrire un cheminement chez l'enfant. Que cette pédagogie soit intuitive, réfléchie, boiteuse, ou même inconsciente, son analyse n'en révèle pas moins des tendances et des dominantes. L'étape de la clarification des valeurs est étroitement liée à l'analyse situationnelle de la pédagogie d'un milieu déterminé. Par exemple, si l'on veut faire la promotion de la rationalité, de l'efficacité, de la productivité, on privilégiera une pédagogie plus mécanisée, plus automatisée, plus structurée, plus centrée sur le rendement. Par contre, si l'on choisit de faire la promotion d'une liberté, d'une autonomie, il sera alors préférable de s'engager dans des démarches beaucoup plus liées à une pédagogie ouverte. Si l'on croit important que l'étudiant définisse pour lui-même ses propres valeurs, sans interférence avec les éducateurs, il sera sûrement préférable de s'ajuster à une pédagogie plus libre. Si l'on croit nécessaire que l'enseignant soit le gardien d'un certain nombre de valeurs définies par la tradition, une pédagogie plus centralisée, plus reproductive sera alors nécessaire. Il faut noter cependant qu'on ne peut mettre les différents styles de pédagogie sur le même pied. Chaque pédagogie vise des effets différents; il est donc inutile d'essayer d'examiner quelle est la bonne pédagogie. Il convient plutôt d'examiner ce que nous souhaitons, ce que nous acceptons de mettre en chantier dans nos milieux.

Les modèles pédagogiques peuvent devenir des querelles de mots s'ils constituent simplement des réponses à une mode ou des essais de «bonne pédagogie». Les grilles d'analyse des modèles éducatifs doivent être considérées avant tout comme des outils permettant l'analyse situationnelle.

Il convient de noter qu'un projet ne se vit pas dans une grille, ne se vit pas par un outil, mais se vit par un engagement, par des essais, par des erreurs, par un cheminement, par une mobilisation issue de préoccupations communes.

Un postulat essentiel

L'idée de projet éducatif risque de tomber dans le même piège que plusieurs des réformes éducatives des dernières années. Ce piège, c'est celui d'avoir peu ou pas d'effet sur la vie pédagogique quotidienne d'une école et d'un milieu précis. Je pense que tout projet éducatif devrait avoir une influence à court, moyen ou long terme sur ce qui se passe dans la salle de cours et sur ce qui se passe dans les rapports entre adultes, entre enfants et adultes. Il faut, je pense, se méfier des projets éducatifs qui se définiraient en dehors de ce contexte. Je ne nie pas l'importance de certaines opérations dans les milieux en question. Par exemple, on peut chercher à obtenir l'harmonie entre les professeurs d'une même école. Cependant, il est loin d'être évident qu'en créant cette harmonie on aura nécessairement un effet plus grand sur ce qui se passe dans la salle de cours. L'ensemble des enseignants peut vivre des rapports harmonieux sans pour autant faire équipe, travailler dans une même perspective et dans une même orientation à l'intérieur de l'école. On a vu très souvent des enseignants qui avaient à l'école des rapports sociaux très harmonieux, mais n'étaient aucunement mobilisés par des projets pédagogiques communs. Il est donc important que tout projet éducatif puisse avoir des effets directs sur ce qui se passe entre les éducateurs et les étudiants. Cette perspective semble aller de soi. Pourtant, plusieurs décisions sont prises dans nos milieux sans en tenir compte.

Qui est en projet?

Je pense qu'il est suffisamment clair qu'un projet éducatif est une entreprise collective. Il n'y a aucun rapport entre cette perspective et le cas du principal d'école qui, dans un délai X, prépare un projet selon un modèle très précis, le fait approuver et par la suite essaie de le vendre à ses commettants. Cette démarche a été suffisamment utilisée dans différents milieux pour qu'on ait eu la preuve du peu de succès, de durabilité et de maintien d'une telle initiative. On pourrait rappeler les éternelles discussions servant à établir des priorités qui sont souvent définies en dehors des principaux agents concernés. Combien de fois voyons-nous des directions d'école qui se réunissent pour établir les priorités et les besoins des enseignants ainsi que des parents dans un milieu déterminé, qui mettent en place des opérations pour atteindre les objectifs définis dans ces priorités et qui finalement se préoccupent très peu du degré d'adhésion des commettants. On se surprend, par la suite, du peu de participation à ces projets et du peu d'effet qu'ils ont sur les milieux. Il est important de se rappeler que l'action collective n'est pas spontanée. Par contre, dans le maintien d'un projet éducatif, l'action collective s'avère nécessaire. Si les différents intervenants n'acceptent pas que l'action collective fasse partie d'un apprentissage, il est inutile à mon sens de vouloir se donner un projet éducatif.

L'action collective n'est pas spontanée et elle s'acquiert par une série d'efforts successifs, par des projets à la mesure de ceux qui auront à s'y engager. Il faudra revenir sur tout l'aspect de l'engagement des différents agents, et notamment des parents, dans le contexte d'un projet éducatif.

Notons cependant qu'une action collective ne désigne d'aucune façon une mobilisation générale de l'ensemble de la collectivité. Il serait utopique de penser qu'une école pourrait, à l'intérieur d'un projet, atteindre ce degré de mobilisation. L'action collective désigne beaucoup plus une concertation d'un certain nombre d'agents d'un milieu pour faire cheminer pendant un certain temps un projet dans ce milieu. Ce projet pourrait être par la suite remodifié, repris, retravaillé par les mêmes agents ou par des agents différents. L'important, c'est de définir un projet, de lui faire faire un bout de chemin, de le soumettre à la critique, de l'analyser, de l'évaluer et, par la suite, de l'élargir et de continuer la démarche.

Ce cycle est, à mon sens, fondamental. Un projet peut émerger d'un sous-groupe et par la suite se développer, se maintenir en élargissant la participation des différents agents. Il n'est pas nécessaire de mobiliser une collectivité complète pour qu'un projet prenne racine dans un milieu. Il est cependant nécessaire qu'il soit la propriété du plus grand nombre d'agents possible.

Si le projet se limite à un individu qui essaie d'en faire la promotion auprès de l'ensemble de la collectivité, il est peu probable que ce projet aura de la signification pour tous ceux qui n'auront pas eu l'occasion d'y réfléchir, de l'explorer, de commencer à le définir, de faire des essais de développement et, par la suite, de l'articuler d'une façon plus claire.

Cette préoccupation d'une action collective dans le projet éducatif n'en rend pas moins nécessaire le leadership d'un individu ou d'un groupe. On peut, dans un milieu privilégié, souhaiter une action collective et en même temps assurer au projet un leadership. Il est évident que le style de ce leadership sera différent si le projet s'inscrit dans un processus démocratique, dans un processus de définition du milieu par le milieu.

À mon sens, l'attitude essentielle à développer est une attitude de partenaires, c'est-à-dire une attitude où un ensemble d'agents font le choix de travailler ensemble à une idée de développement, pendant un temps à déterminer, et en font un terrain d'apprentissage individuel et collectif. Accepter que le projet écucatif soit un terrain d'apprentissage pour les différents agents de la collectivité implique également l'acceptation d'essais, d'erreurs, de réajustements, de modification et également de participations plus ou moins constantes.

Dans cette perspective, il est difficile de penser que le projet éducatif puisse se développer au même rythme et selon un même style dans les diverses écoles d'une même commission scolaire. Il serait abusif dans certains milieux de vouloir élaborer un projet éducatif unique pour l'ensemble des collectivités. Ce serait ignorer le dynamisme de certains agents qui sont prêts, si on leur en donne la possibilité, à élaborer un style d'école propre à leur milieu et propre à leur cheminement.

Évidemment, élaborer un tel projet nécessite de l'énergie, de la tolérance et de l'aide extérieure. Le rôle d'une commission scolaire dans une semblable perspective est beaucoup plus, à mon sens, de fournir un climat propice à l'émergence de différents projets que d'établir une technique pour élaborer un projet éducatif. Ce climat s'avère important. Si le projet éducatif se développe dans un milieu vivant sous les pressions administratives et les contrôles réguliers, il est évident qu'il se définira beaucoup plus en fonction des exigences et des structures administratives que des préoccupations et des intérêts de la collectivité vivant dans ce milieu.

Quatre critères essentiels

Plusieurs aimeraient avoir des modèles de bons projets éducatifs que des experts extérieurs rédigeraient. Je pense qu'accepter cette perspective conduirait à nier l'idée même du projet émergeant du milieu et prenant racine dans ce milieu. Il est préférable de fournir aux diverses personnes concernées des critères d'analyse plutôt que des exemples de projets éducatifs. Je soumets à la discussion les quatre critères suivants en vue d'essayer d'établir ce que pourrait être un projet éducatif dans un milieu.

Il est cependant important de noter qu'un projet qui émergerait d'un milieu et qui ne répondrait pas à ces critères ne doit pas nécessairement être rejeté; il peut s'agir d'une démarche fondamentale pour le milieu mais qui n'a aucun rapport avec l'idée de projet éducatif. Voici donc les critères que je propose:

Le premier critère, c'est qu'un projet éducatif doit être globalisant, c'est-à-dire qu'il doit toucher à plusieurs facettes de l'activité éducative d'un milieu donné. Un projet trop spécialisé ne répond pas, selon moi, à ce critère de globalisation. Pour répondre à ce critère, un projet doit toucher à la fois la gestion du milieu, les interventions entre éducateurs et enfants, les activités qu'on propose aux étudiants dans la salle de cours et les interactions de ces différents éléments. Ainsi, un projet éducatif globalisant est, à mon sens, un projet qui touche à des éléments fondamentaux de l'acte d'éduquer.

En deuxième lieu, on pourrait dire qu'un projet éducatif doit être impliquant, c'est-à-dire qu'il doit tenter de rejoindre dans leurs racines mêmes plusieurs agents différents du milieu, les rejoindre dans ce qu'ils sont, dans ce qu'ils pensent, dans ce qu'ils préfèrent et dans leur agir quotidien.

Un troisième critère qui me semble important, c'est qu'un projet éducatif doit donner un sens à l'éducation, c'est-à-dire qu'il doit être développant. Il s'agit ici du problème du cadre de référence, des valeurs dont on veut faire la promotion dans ce projet, du type d'éducation que l'on souhaite, du type de pédagogie que l'on veut vivre dans son milieu. Bref, un projet qui ait un sens, une orientation.

Un quatrième critère qui peut permettre l'analyse serait qu'un projet éducatif doit être progressif, c'est-à-dire qu'il se développe dans le temps, qu'il s'élabore au fur et à mesure des actions et qu'il se modifie au fur et à mesure de celles-ci. Un projet écucatif se développe dans le temps et selon une chronologie qui ne peut que s'établir a posteriori. Il est important de souligner cette dimension du temps. Un projet ne peut se définir une fois pour toutes. Il s'agit d'une émergence progressive compte tenu de l'évolution d'une collectivité.

Tradition et projet éducatif

Je viens de mentionnner quelques critères importants permettant l'analyse d'un projet éducatif dans un milieu. Certains administrateurs prétendent actuellement que toutes leurs écoles ont des projets éducatifs mais qu'ils ne sont tout simplement pas «écrits». Personnellement, je m'inscris en faux contre cette affirmation. Je pense que beaucoup d'écoles n'ont pas un projet de développement, ni nommé, ni vécu, ni analysé. Il serait plus vrai de prétendre que chacune des écoles du Québec a une tradition pédagogique consciente ou inconsciente.

J'entends par tradition pédagogique un certain nombre de règles, de normes, de valeurs qui sont intégrées au milieu et qui ne sont pas nécessairement connues et acceptées par les différents agents et les différents intervenants. Cette tradition pédagogique peut être acceptée par les différents agents du milieu mais aussi peut ne pas avoir été analysée ou mise en question. L'idée même de projet éducatif est d'examiner la tradition pédagogique d'un milieu et de faire le choix suivant: est-ce que nous souhaitons consolider cette tradition ou est-ce que nous souhaitons innover par rapport à cette tradition? Si nous souhaitons consolider cette tradition, nous mènerons un projet éducatif de type rénovateur, c'est-à-dire que nous tenterons par diverses opérations d'être plus cohérents avec la tradition pédagogique et de l'établir plus solidement dans le milieu. Si, par contre, nous souhaitons innover par rapport à cette tradition pédagogique, nous tenterons par le projet éducatif qui sera défini dans le milieu de rompre avec cette même tradition.

Ce second projet éducatif, de type innovateur, exige évidemment des énergies et des ressources très différentes du premier. Un projet éducatif innovateur vise, somme toute, à créer dans le milieu, par diverses opérations de développement, une nouvelle tradition pédagogique. Cette nouvelle tradition pédagogique peut entraîner diverses réactions, diverses pressions et évidemment être confrontée de façon plus radicale.

L'idée de projet éducatif consiste donc à examiner avec le plus de clarté possible la tradition pédagogique d'un milieu et de faire par la suite un choix d'orientation: on consolide, on rénove cette tradition ou encore on innove par rapport à cette tradition. C'est là une question

de choix lié à la signification que prendra le projet dans
le milieu dans lequel il s'inscrit.

Chapitre 3

Un cadre d'action

Dans les chapitres précédents, j'ai défini l'idée de projet éducatif, tout en précisant les fondements, les dangers, les limites. De plus, je propose des critères qui permettent d'analyser le contenu d'un projet éducatif ayant un sens et un axe de développement. Cette dimension du développement et du sens à lui donner constitue l'idée maîtresse de tout projet éducatif.

Dans ce chapitre, je trace les grandes lignes d'un cadre d'action pour les intervenants. C'est dans ce cadre que s'inscrivent l'animation et la supervision d'un projet éducatif. Comme l'indique le titre du chapitre, il s'agit d'un cadre qui sous-tend les actions qui auront été engagées dans le contexte du projet. Ce cadre se veut à la fois souple et inspiré. Souple, parce qu'il permet aux intervenants de faire des choix. Inspiré, en ce sens qu'il relève d'une certaine conception de l'action et du développement.

Les principes sous-jacents à ce cadre d'action seront examinés au cours de ce chapitre. Il importe que les intervenants aient en tête ces différents principes. Leur action n'en sera que plus cohérente. Avant de faire appel à la recherche de la cohérence chez les autres, il est essentiel de la rechercher pour soi-même. C'est dans cette logique que s'inscrit ce cadre d'action.

Ce chapitre tente également de démontrer l'importance de l'action dans le contexte d'un projet éducatif. Trop souvent, les projets ne sont vécus que dans les idées, et passent difficilement à un stade de concrétisation et de mise en œuvre. Il est primordial de se donner un cadre favorisant une émergence des actions et une critique de ces actions.

Un choix: le modèle interactionnel et interréactionnel

Il est évident que la tendance actuelle, pour l'élaboration des projets, est d'utiliser ce qu'il est convenu d'appeler un modèle rationnel d'intervention. Ce modèle propose en fait d'établir une succession logique des étapes de développement. Ce rationnel est établi a priori. La figure 5 indique la logique même de ce modèle dit «rationnel».

PLANIFICATION ⟶ RÉALISATION ⟶ ÉVALUATION

Fig. 5 Le modèle rationnel d'action

Le modèle rationnel d'action comporte des étapes consécutives, soit une période de planification du projet, une période de réalisation du projet et une période d'évaluation du projet. Ainsi, la période de planification entraîne une période de réalisation qui, à son tour, entraîne une période d'évaluation. Les tenants de ce modèle d'action procèdent selon la démarche suivante. La planification se fait par l'énoncé d'objectifs précis inhérents au projet. Ces objectifs doivent, dans la mesure du possible, tenir compte de ceux de l'organisation dans laquelle le projet s'inscrit. En d'autres mots, un projet éducatif issu d'un milieu devrait, en utilisant ce cadre d'action, prévoir des liens entre les objectifs du projet lui-même et les objectifs poursuivis par l'organisation qu'est le système scolaire. Les uns s'emboîtent dans les autres. C'est le modèle hiérarchique dans sa pureté.

Il s'agit également de préciser, dans le plan, les moyens et les échéanciers. La réalisation consiste à mettre en œuvre les moyens déterminés et ce, dans les temps prévus. L'évaluation, à son tour, consiste à vérifier si les objectifs sont atteints et ce, selon des critères et des indicateurs qui sont fixés, en règle générale, au moment de la planification. Il convient de noter que la planification est centrée sur les objectifs non pas des participants mais du projet lui-même. Il faut en fait décortiquer l'objet du projet. Les tenants de ce modèle passeront rapidement sur l'idée de valeurs dans un projet éducatif. Ils prétendront que les valeurs sont trop subjectives, pas suffisamment opérationnelles. Les énoncés de valeurs demeurent des objectifs généraux. Par le fait même, on affirme qu'elles inspirent, mais d'une manière globale.

Prenons, par exemple, un milieu qui voudrait, par un projet éducatif, développer le concept de l'intégration des enfants qui éprouvent à l'école des difficultés d'adaptation et d'apprentissage. Il s'agirait alors de décortiquer les objectifs que comporte ce thème. En fait, il s'agit de décortiquer le thème «intégration» et de voir quels sont les objectifs poursuivis pour un temps donné. En d'autres mots, on peut dire que plus le projet se déroulera selon les prévisions de départ, plus il sera réussi. Des objectifs précis, des moyens adéquats et une évaluation fondée sur le contrôle.

Cette démarche s'inspire de la logique d'un «one best way», si chère à Taylor et à ses disciples, et selon laquelle il faut déterminer une logique de développement et poser les actions nécessaires pour que le développement se fasse selon cette logique. Malgré le fait que ce modèle soit très connu et très utilisé dans les différents milieux, il est important de se rappeler qu'il s'est avéré efficace surtout dans les opérations qui visaient à remettre de l'ordre dans une organisation; la structuration des démarches destinées à animer un milieu pose un autre problème.

En effet, lorsqu'il s'agit d'animer un milieu et d'y inscrire un mouvement, ce modèle se révèle, selon moi, moins efficace parce qu'il ne tient pas compte de la dynamique même d'un projet. On ne peut pas établir le cycle naturel d'un projet à partir d'une logique a priori. Il est évident qu'après un certain temps de cheminement du projet, il est possible d'établir cette logique, cette séquence du développement; mais le projet lui-même ne se développe pas selon une logique formelle. Un projet va du prévisible à l'imprévisible. Tout comme la vie.

Trop vouloir rationaliser une démarche empêche de respecter le cheminement personnel des différents partenaires. Pour ma part, je crois qu'il est préférable d'utiliser un modèle dit interactionnel et interréactionnel. Dans ce modèle d'action, le développement est basé sur un cycle d'actions et de réactions. Les phases en soi ne sont jamais terminées; elles s'emboîtent plutôt les unes dans les autres et elles sont interdépendantes. Il s'agit en fait de vivre une démarche, de l'analyser et de réagir aux actions qui ont été posées.

La réaction nous amène à modifier, à abandonner, à consolider ou à poursuivre les actions. Dans ce modèle, la planification se fait à très court terme (quelques semaines ou quelques mois). Agir et réagir.

Vu sous cet angle, un projet éducatif comporte des phases d'émergence, de développement et de maintien. Si c'est un premier projet, on doit commencer par une phase d'émergence, mais, par la suite, les trois phases deviennent indissociables.

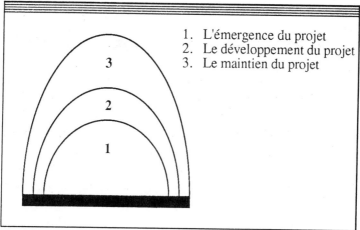

1. L'émergence du projet
2. Le développement du projet
3. Le maintien du projet

Fig. 6 Le cycle d'un projet éducatif

La phase d'émergence vise à favoriser l'exploration, le choix et l'articulation du projet. La phase de développement permet la mise en œuvre, le retour critique, l'analyse et l'évaluation des actions menées dans le contexte du projet. Quant à la phase de maintien, elle consiste à se doter de stratégies de travail pour réduire les contraintes inhérentes au projet, pour susciter un engagement constant des partenaires, pour mobiliser de nouveaux agents et pour constater les effets du projet dans le milieu.

Les phases d'émergence, de développement et de maintien d'un projet sont indissociables. Ainsi, à la phase d'émergence, certaines actions de développement sont déjà mises en œuvre, tandis que, dès la phase du développement du projet, des stratégies de maintien doivent être prévues. Ce modèle de travail permet de s'adapter à la conjoncture et de respecter la dynamique du milieu. Si cette dynamique est imprévisible, il n'en est pas moins nécessaire de se donner un cadre d'action qui permette d'être attentif au milieu et de le respecter.

Les fondements du cadre d'action

1. Le cadre d'action est fondé sur le vécu des partenaires.

Les participants à un projet possèdent, préalablement à celui-ci, un vécu qu'il est important de connaître et d'utiliser. Ces participants ont des expériences antérieures, des croyances, des attitudes, des valeurs, des compétences qui leur sont propres. Un cadre d'action doit en tenir compte, sans oublier toutefois que le développement même du projet et sa concrétisation dans le milieu modifieront le vécu des partenaires.

LES FONDEMENTS DU CADRE D'ACTION

1. Le cadre d'action est fondé sur le vécu des partenaires.
2. Le cadre d'action est fondé sur les capacités des partenaires.
3. Le cadre d'action est fondé sur des objectifs partagés par les partenaires.
4. Le cadre d'action doit départager l'objet du projet et les intentions des partenaires.
5. Le cadre d'action est fondé sur la connaissance.
6. Le cadre d'action est fondé sur la création d'un minimum de structures formelles courtes visant à l'apparition de phénomènes informels.
7. Le cadre d'action est fondé sur la croyance que les micro-projets sont aussi nécessaires que les projets d'envergure.
8. Le cadre d'action est fondé sur une attitude de responsabilité et une attitude de transparence.
9. Le cadre d'action est fondé sur la croyance que les actions et les réactions sont aussi nécessaires les unes que les autres au développement et au maintien d'un projet.

Ceux-ci vivront une nouvelle expérience de croissance sur un nouveau terrain d'apprentissage. Cette nouvelle expérience, liée au développement du projet éducatif, modifie ou consolide chez le participant ses croyances, ses attitudes, ses valeurs, et lui permet du même coup d'acquérir de nouvelles compétences. Le cadre d'action doit tenir compte de ces deux facettes du vécu. Les animateurs d'un projet doivent être sensibilisés à leur propre vécu et à celui des autres partenaires.

Crozier et Friedberg (1977) ont bien démontré l'importance qu'on doit attacher à l'expérience des différents acteurs d'un projet. Ceux-ci constituent une source privilégiée de renseignements qui permet de recueillir rapidement des informations concrètes sur le quotidien du projet et sur les moyens dont ils disposent pour affronter les nouvelles situations et les nouvelles contraintes; il est également possible par ce biais d'examiner les objectifs que poursuivent les acteurs, d'évaluer les ressources qu'ils possèdent et celles qu'ils veulent effectivement mettre à la disposition du projet. L'analyse ici est importante pour dégager ce vécu et en constater les effets, tant sur la personne que sur le développement même du projet. Il est évident que le respect du vécu des différents partenaires nous oblige à envisager la possibilité d'une redéfinition constante du projet. Notons toutefois qu'on ne doit pas modifier le projet pour le modifier; au contraire, il s'agit beaucoup plus d'adopter une attitude ouverte aux transformations au cas où les partenaires nous amèneraient à cette évidence.

Le respect de l'expérience des partenaires ne doit cependant pas nous faire perdre de vue le cycle d'actions et de réactions. Il ne s'agit pas de s'éterniser dans des discussions, mais avant tout de se donner un cadre de travail qui permette de rester en contact étroit avec le vécu. Il ne faut pas oublier que le vécu et les apprentissages sont tout ce qui reste après qu'un projet a été réalisé. Ce sont donc des éléments fort importants dans le projet.

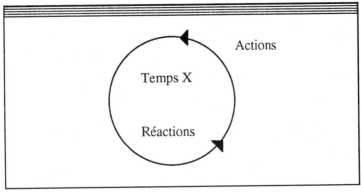

Fig. 7 La planification courte.

2. Le cadre d'action est fondé sur les capacités des partenaires.

Lorsqu'on discute de projet éducatif, on est obligatoirement amené à parler de l'engagement des différents partenaires. L'observation de plusieurs projets en milieu scolaire nous a conduit à la constatation suivante: l'engagement du participant naît dans la mesure où il sent qu'il peut être lui-même à l'intérieur du projet. L'engagement nécessite donc le respect des capacités des partenaires. Par le fait même, un projet éducatif ne doit pas être, dans son contenu, trop spécialisé. Ainsi, si un projet éducatif porte sur l'implantation d'une méthode structurale pour l'enseignement de l'anglais (langue seconde) au deuxième cycle de l'élémentaire, il sera difficile de prétendre intéresser à ce projet différents agents du milieu. Son caractère nettement trop spécialisé fermera la porte à une diversité de personnes. En effet, pour pouvoir participer vraiment à un tel projet, il faudra être spécialisé dans le domaine, car, dans le cas contraire, les partenaires seront dominés par un nombre restreint d'agents qui, eux, possèdent le savoir et doivent le dispenser aux autres. Le projet qui naîtrait dans un tel contexte ne pourra mobiliser plusieurs agents du milieu pendant une longue période.

Quand on entend respecter les capacités des partenaires, on doit être attentif aux ressources que chacun possède. Le cadre d'action s'inscrit donc dans l'optique suivante: engager les partenaires dans ce qu'ils sont et avec les ressources qu'ils possèdent. Sur ce plan, un projet éducatif doit être à la mesure de ceux qui y participent. Les animateurs d'un projet doivent avoir constamment en tête cette perspective, sinon ils devront sans cesse stimuler les gens, les convaincre de la nécessité du projet et attendre que ceux-ci développent de nouvelles compétences.

3. Le cadre d'action est fondé sur des objectifs partagés par les partenaires.

Je me refuse à accepter le fait qu'il y ait dans une collectivité des objectifs univoques. L'unanimité autour d'objectifs communs est, à mon sens, une illusion. Dans la réalité, les objectifs sont plus ou moins partagés par un groupe et ce, uniquement pour un temps donné. En conséquence, le cadre d'action doit favoriser l'émergence d'objectifs partagés plutôt que la recherche d'objectifs communs.

La recherche d'objectifs communs conduit très souvent à se donner des objectifs qui sont soit vides de sens, soit tellement dilués qu'il devient impossible à qui que ce soit de se reconnaître à travers ceux-ci. En revanche, la recherche d'objectifs partagés nous conduit sur un terrain — beaucoup plus profitable — de négociation et de concertation. Le fait de se centrer sur des objectifs partagés a aussi l'avantage de permettre aux différents intervenants de revenir constamment sur les objectifs du projet et d'en faire l'évaluation. Par contre, la définition d'objectifs communs semble d'abord créer une unanimité que les animateurs du projet ne songent pas à rediscuter en cours de route.

Dans un tel contexte, il est essentiel que les partenaires procèdent, au cours du cycle d'actions et de réactions, à un réexamen fréquent des objectifs partagés.

4. Le cadre d'action doit départager l'objet du projet et les intentions des partenaires.

Il est plutôt rare que, dans l'élaboration d'un projet éducatif, on tienne compte de ces deux dimensions, qui sont très différentes. Le contenu ou l'objet du projet est un élément, les intentions des partenaires en sont un autre. Prenons comme exemple un milieu qui fait de l'intégration des enfants en difficulté d'apprentissage son objet de travail. C'est l'objet du projet. Les intentions, elles, sont plus personnalisées. Pourquoi moi, comme individu, ai-je décidé de participer à ce projet? Mes raisons, mes intentions sont personnelles. Elles diffèrent probablement de celles des autres personnes qui décident de s'engager dans le même projet. On peut partager l'objet du projet, c'est-à-dire l'intégration, mais le faire pour des raisons très différentes. Confondre l'un et l'autre risque de transporter le développement du projet sur un terrain dangereux.

Très souvent, on observe que l'objet du projet demeure partagé par l'ensemble des partenaires. Par contre, les intentions et les raisons qui nous incitent à y adhérer évoluent en cours de route. Il n'est pas surprenant de constater que, très souvent, le degré d'engagement se modifie. En règle générale, nous observons que ce sont les intentions des partenaires qui se sont modifiées et non pas l'objet même du projet. Dans un modèle axé sur un cycle d'actions et de réactions, cette perspective est essentielle. Au point de vue des réactions, il sera important d'examiner d'une façon régulière l'évolution des intentions des partenaires. Cette analyse peut se faire d'une façon très informelle par des échanges réguliers sur le sujet. Il ne faut pas oublier que la discussion sur les intentions d'adhésion à un projet est une opération délicate qui touche souvent les personnes à des niveaux très profonds. On ne peut pas se contenter de faire remplir un questionnaire pour cerner cette question; en effet, les animateurs ont leurs propres intentions et les partenaires ont aussi les leurs. Dans ce contexte, l'intuition et la perspicacité se révèlent parfois des alliées très utiles pour résoudre cette question. Il faut y être attentif et respecter l'évolution des intentions dans le cadre d'action élaboré avec les partenaires.

5. Le cadre d'action est fondé sur la connaissance.

Un projet et les actions qui en découlent s'inscrivent nécessairement dans un milieu organisationnel. Il est important pour les différents partenaires de se mettre à la recherche des informations nécessaires à une bonne compréhension du milieu dans lequel s'inscrit le projet.

Ces informations peuvent porter tant sur la structure même de l'organisation, sur les contraintes imposées par cette organisation, que sur une connaissance de soi-même et des autres partenaires. La connaissance de l'organisation dans laquelle s'inscrit un projet permet de mieux percevoir quels seront les effets de nos actions tant sur le milieu que sur nous-mêmes. On néglige trop souvent cet élément.

La recherche de la connaissance de soi-même et du milieu dans lequel le projet évoluera ne peut se faire à vide. Elle doit se faire en même temps que la définition du contenu du projet et que l'examen du milieu par rapport à ce contenu. En d'autres mots, il est important, avant de choisir le contenu pour lequel les partenaires décideront de déployer leurs efforts, d'observer le milieu dans lequel ils vivent et ce que le milieu a déjà réalisé par rapport au projet.

Il est évident que cette connaissance de soi-même et du milieu évoluera à travers les actions. Les nouvelles informations ainsi recueillies permettront de mieux adapter le projet à la conjoncture et, finalement, d'obtenir des effets plus durables dans le milieu.

6. Le cadre d'action est fondé sur la création d'un minimum de structures formelles courtes visant à l'apparition de phénomènes informels.

Plusieurs projets éducatifs risquent de tomber dans le piège de l'élaboration des structures. J'entends par «structure» la formation de comités, de sous-comités, de groupes d'étude, de groupes d'évaluation qui tous alourdissent la démarche de travail. Qui plus est, ces structures créent très souvent des distances avec les agents directement concernés dans le milieu. Combien de fois n'avons-nous pas vu des commissions scolaires décréter des opérations de projets éducatifs, former des comités pour assurer la mise en place de ces projets, tout ceci pendant que les principaux agents concernés, soit les parents, les enseignants et les étudiants, étaient peu ou pas du tout au courant de la mécanique déployée à cette fin.

J'ai tendance à privilégier des structures courtes de travail qui nous éloignent le moins possible de l'ensemble des différents agents. On peut, par exemple, former un comité de gestion du projet éducatif soit par représentativité (c'est-à-dire avec des représentants de chacun des groupes d'agents concernés), soit encore, plus simplement, selon le principe de la disponibilité. Ce principe a l'avantage d'assurer plus de souplesse à ce genre de comité. Le comité de gestion d'un projet éducatif n'est pas un organisme de décision. Les décisions doivent être prises par l'ensemble des agents qui ont choisi de s'engager dans le projet. Les mécanismes de prise de décision doivent donc tenir compte de cette dimension. En résumé, l'avantage des structures courtes est de faire apparaître les phénomènes informels qui sont, le plus souvent, les meilleures sources d'action.

7. Le cadre d'action est fondé sur la croyance que les micro-projets sont aussi nécessaires que les projets d'envergure.

Dans le chapitre précédent, j'ai clairement mentionné que l'idée même de projet éducatif est liée à une dynamique. On ne peut prétendre élaborer un projet éducatif une fois pour toutes. Le projet est donc appelé à se modifier au cours des années. Dans la perspective d'une première année d'intervention, on peut donc songer à n'établir que des mini-projets qui reçoivent l'assentiment des partenaires.

L'élaboration d'un mini-projet peut constituer une démarche très rentable dans un milieu. Il est en effet important de s'habituer d'abord à un tel cadre d'action et à ses implications. Un projet de trop grande envergure exigera des énergies tellement considérables qu'on ne pourra pas le mener à terme. Je crois préférable que le milieu se donne un mini-projet qui aura un sens pour les différents agents et, par la suite, voie comment ce projet peut prendre de l'ampleur, peut s'élargir. Il ne faut pas oublier que ce sont souvent les petits projets qui sont les plus significatifs et les plus durables.

Dans le deuxième chapitre, j'ai défini le projet éducatif comme la recherche d'une adéquation entre les gestes quotidiens et une ou des conceptions de l'éducation. La recherche de cette adéquation peut se faire aussi bien par des mini-projets à la mesure des différents partenaires que par un projet d'envergure. Il ne faut pas rejeter l'idée d'élaborer et de vivre, à des moments précis dans un milieu, des projets d'envergure; le projet d'envergure n'est cependant pas une nécessité pour arriver à la recherche de cette adéquation.

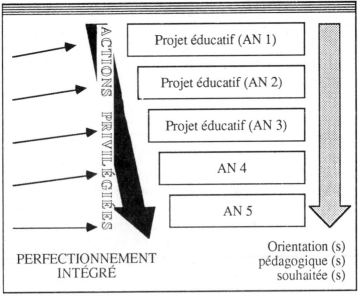

Fig. 8 Le projet éducatif en cheminement

8. Le cadre d'action est fondé sur une attitude de responsabilité et une attitude de transparence.

Plusieurs reprocheront au modèle de travail que je propose ses exigences. J'en suis conscient. Il est évident que ce modèle de travail exige une attitude de responsabilité et une attitude de transparence entre les différents partenaires. Le modèle d'action privilégié permet de favoriser ces deux attitudes. Il est évident que ce modèle d'action implique que chacun des partenaires fasse preuve d'un sens marqué des responsabilités. Je pense toutefois que cette valeur se développe dans la mesure même où les outils et les démarches que nous proposons y font appel.

Certains intervenants, qui souhaitent que les éducateurs soient plus engagés, plus responsables, proposent souvent des modèles de travail qui nient la nécessité même d'être responsable et de s'engager. L'observation démontre que plus ces techniques sont utilisées, plus les gens sont irresponsables; elles ont donc un effet «contre-intuitif». Je crois qu'il faut se donner un cadre d'action qui implique la nécessité de la responsabilité et de la transparence. N'oublions pas que la responsabilité entraîne la responsabilité et que la transparence entraîne également la transparence.

Je préfère un projet éducatif qui se développe plus lentement, mais sur des racines profondes, qu'un essai d'élaboration d'une technique de travail qui nous permettrait d'aller plus vite, mais moins en profondeur. Si l'on accepte que l'idée de projet éducatif soit liée à cette recherche de l'adéquation, on privilégiera une démarche profonde impliquant responsabilité, transparence et temps.

Le temps sera un facteur déterminant dans le succès de l'entreprise. On ne peut prétendre être à la recherche d'une cohérence et ne pas vouloir se donner un cadre d'action qui respecte le temps.

La responsabilité et la transparence se développent dans le temps et dans la mesure où le cadre d'action proposé se fonde sur la recherche de ces attitudes.

9. Le cadre d'action est fondé sur la croyance que les actions et les réactions sont aussi nécessaires les unes que les autres au développement et au maintien d'un projet éducatif.

Le cadre de travail proposé dans ce chapitre est centré sur un cycle continu d'actions et de réactions: l'action vise à la concrétisation du projet éducatif; la réaction vise à la critique de cette action.

Dans un modèle rationnel de travail, ce cadre se présente sous la forme d'une action et d'un contrôle de cette action. Par contre, dans le cas qui nous occupe, nous touchons beaucoup plus à la »critique» de cette action. Il faut, en fait, agir et, par la suite, revenir sur cette action pour y porter un regard critique. Tous les partenaires peuvent y participer.

Les pivots du cadre d'action:
l'animation et la supervision

Le processus d'animation agit comme déclencheur. Si l'on revient à la définition même du mot animation, il s'agit, en fait, d'inscrire ou de maintenir, ou les deux, un mouvement chez un groupe ou chez un individu. Le processus même de l'animation est extrêmement utile dans le contexte du cadre d'action présenté dans ce chapitre. Le processus d'animation agit comme déclencheur: déclencheur de l'idée même du projet qui commence et déclencheur des actions qui sont menées au fur et à mesure de l'évolution de ce projet. Il est important ici de mentionner que l'animation est conçue en termes de processus et non pas en termes de l'utilisation d'un certain nombre de techniques de travail. Trop souvent, on réduit le processus d'animation à l'utilisation d'un certain nombre de techniques de conduite de réunion ou de conduite de groupe. L'animation doit être considérée davantage dans la perspective de l'émergence et du maintien d'un mouvement dans un groupe. L'animation, dans cette optique, constitue l'un des pivots du cadre d'action interactionnelle et interréactionnelle.

Dans le deuxième chapitre, j'ai mentionné l'importance d'un leadership dans la concrétisation d'un projet éducatif. Dans le cas qui nous occupe, l'animateur du projet peut jouer le rôle de leader. Évidemment, pour moi, ce leadership sera démocratique et laissera une place aux choix personnels ainsi qu'aux décisions individuelles et collectives.

Le deuxième pivot de ce cadre d'action est la supervision. Il est important dans nos milieux scolaires de réviser la conception même du processus de la supervision. En règle générale, les fonctions de supervision se limitent au contrôle des opérations d'un projet.

Dans un modèle interactionnel et interréactionnel, ce modèle de supervision, lié au contrôle, s'avère peu efficace. À mon sens, la supervision doit s'élargir, devenir un catalyseur, c'est-à-dire un processus qui permet de déclencher des réactions par rapport au cheminement d'un projet. Pour ma part, je définis la supervision comme un processus visant à porter un regard critique sur une opération ou un ensemble d'opérations. Dans le livre *Vers une pratique de la supervision interactionnelle* (1986), j'ai appliqué ce processus à un exemple directement relié à la concrétisation d'un projet éducatif.

Sur ce plan, celui qui joue un rôle de superviseur doit être beaucoup plus celui qui permet et qui organise une libre circulation du *feed-back* entre les partenaires. Ce regard critique porte autant sur les actions menées dans le projet, sur les intentions des acteurs que sur l'objet même du projet.

Le processus d'animation est le déclencheur des actions tant aux niveaux de l'émergence et du développement que du maintien du projet. Le processus de la supervision, lui, est l'élément catalyseur qui permet de déclencher les réactions au déroulement même du projet. Ce sont deux processus complémentaires; il importe donc que ceux qui auront à jouer ces rôles le fassent d'une façon concertée et dans le même cadre d'action.

Une stratégie de travail essentielle: l'analyse

Dans le cadre d'action proposé dans ce chapitre, la stratégie de travail à privilégier est l'analyse. Il est essentiel d'explorer le sens du concept d'analyse, si l'on veut par la suite en utiliser les ressources pour intervenir dans un projet éducatif. L'analyse n'a pas pour fonction de critiquer, de juger, mais bien de comprendre une situation précise à un moment déterminé.

Il s'agit de procéder à une lecture de la réalité afin de dégager les phénomènes qui la régissent. Comprendre implique la nécessité de dépasser les faits, c'est-à-dire de les interpeler, de les questionner. Partir des faits, les interpeler, les questionner, les confronter, sont autant d'éléments essentiels à une lecture efficace de la réalité quotidienne vécue dans chaque situation du projet éducatif.

Il ne faut pas confondre une démarche d'analyse et une démarche analytique. Une démarche d'analyse part de la réalité et tente de comprendre globalement le jeu entre les différents faits qui se produisent dans un contexte donné; la démarche analytique, elle, vise beaucoup plus à décortiquer les éléments d'une situation pour les examiner un à un.

Dans une démarche d'analyse, les faits et les événements font partie de la description de la situation. Les analyser permet de les dépasser pour en dégager une signification, une compréhension. Décrire les faits, c'est les mettre sur la table, les analyser et voir quels sont les phénomènes qui les relient et qui donnent l'essence même à la vie du projet.

Selon les diverses phases du cycle d'un projet éducatif, l'analyse aura des dimensions différentes. Dans la phase d'émergence, il s'agira de comprendre le vécu antécédent des partenaires, leurs valeurs, leur orientation pédagogique, les principes qui sous-tendent leur action. Ce sera alors une analyse situationnelle. Dans la phase de développement du projet, il y aura lieu d'analyser le cheminement des actions entreprises dans le projet et d'analyser les effets du projet à mesure que se produiront les actions.

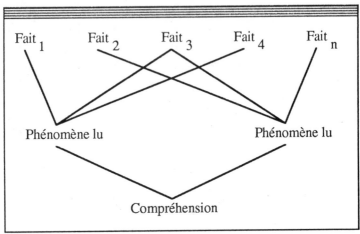

Fig. 9 Les faits et l'analyse.

Dans la phase de maintien, il s'agira d'analyser le cheminement du projet et les contraintes qui naîtront au fur et à mesure de son développement.

Rappelons que, si l'analyse, au cours des différentes phases du projet, change d'objets, le principe reste le même, c'est-à-dire tenter de comprendre la réalité dans laquelle le projet s'inscrit. Qu'il s'agisse d'une analyse de la situation, d'une analyse du cheminement, d'une analyse des effets, il est important de garder en mémoire qu'il s'agit non pas de juger mais de comprendre la situation.

En adoptant cette attitude, on permet aux différents partenaires d'un projet éducatif de jouer, à certains moments, le rôle d'analyste. Il ne faut pas faire de l'analyse la fonction essentielle d'un individu, mais bien permettre aux différents partenaires, par un cadre de travail approprié, d'être analyste.

Il est évident que l'analyse ne se fait pas à vide. Il lui faut un outillage, des mécanismes pour qu'elle puisse s'effectuer en profondeur et avec rigueur. Plusieurs outils présentés dans les prochaines sections sont des concrétisations de cette démarche.

L'adhésion à ce cadre d'action

Avant d'entreprendre la description de chacune des phases du cycle du projet éducatif, il m'a semblé important de vous proposer un cadre d'action. J'invite le lecteur à y porter un regard critique. Il ne s'agit pas de l'adopter les yeux fermés, mais plutôt d'essayer de voir en quoi il peut vous permettre d'entreprendre dans votre milieu une démarche significative et durable. Le cadre est suffisamment souple pour s'adapter à votre situation et à votre contexte organisationnel.

Les neuf fondements du cadre d'action ne sont pas neuf conditions à son utilisation efficace. Ce sont des fondements et non pas des règles absolues. Vous pouvez, par votre propre cheminement, adopter progressivement ces fondements. Le cadre d'action est adaptable, transformable dans la mesure où l'on respecte certains éléments de base. Parmi ceux-ci, j'en nomme deux qui sont essentiels: respecter le cycle continu de l'action et de la réaction, et se centrer sur des structures et des planifications courtes. Ce dernier point permet d'aboutir suffisamment rapidement à des actions en évitant de la sorte la démobilisation qui découle inévitablement de trop longues périodes de rationalisation des actions à venir.

Il est évident enfin qu'on ne peut adopter tel cadre d'action avant d'avoir fait, au préalable, quelques expérimentations dans le milieu de travail. Cette expérimentation permet de vérifier si ce cadre d'action convient à la personnalité des intervenants et au type de projet qu'ils souhaitent développer dans leur milieu. Ces expérimentations favorisent également une prise de conscience: ce cadre d'action est-il en harmonie avec la culture de notre organisation? Si oui, il sera relativement facile à intégrer dans le développement du projet éducatif. Sinon, il risque de devenir un projet dans le projet éducatif. Les enjeux ne seront plus les mêmes.

Chapitre 4

Le processus d'un projet éducatif

Dans le chapitre précédent, j'ai démontré l'importance d'articuler une démarche cyclique afin de favoriser le développement du projet éducatif dans un milieu. Cette démarche se situe dans un cadre d'action qui inspire les différents intervenants et partenaires du milieu en question.

Le processus d'un projet éducatif se compose de trois phases principales (c'est-à-dire l'émergence, le développement et le maintien d'un projet), lesquelles sont toutes interreliées et doivent être perçues comme des éléments en interaction. Il convient toutefois de rappeler que des moments sont privilégiés pour favoriser chacune de ces phases. C'est l'objet de ce chapitre. La description de chacune des phases du processus est illustrée de certaines propositions pour les partenaires. Elles se dégagent des analyses faites au cours des années à partir de différents projets qui se sont concrétisés dans différents milieux. Le deuxième tome de cet ouvrage complète ce chapitre. Il présente une série d'outils pour favoriser l'animation et la supervision d'un projet éducatif.

L'émergence d'un projet éducatif

Le mot émergence a son importance dans le contexte qui nous occupe. On ne le définit pas comme la création, de toutes pièces, d'un projet dans un milieu donné. Le mot émergence comporte davantage l'idée de l'apparition, d'une façon plus articulée, d'un ensemble d'éléments qui existent déjà dans le milieu, mais qui n'ont pas encore eu la possibilité de se concrétiser et de se développer. L'émergence est possible dans la mesure où des interventions privilégiées d'animation sont vécues. Pour mieux cerner cette phase essentielle, nous l'examinerons sous trois aspects: une période d'exploration, une période de choix et une période d'articulation. Ces trois périodes de l'émergence d'un projet sont étroitement interreliées, mais ne nécessitent pas le même dispositif d'animation. Nous allons d'une animation exploratoire à une animation plus articulée en passant par une période de prise de décision.

Une période d'exploration

Il s'agit durant cette période de porter un regard sur ce que peut être un projet éducatif. Qui pourrait y participer? Quelles sont les informations que nous possédons? Quelles sont nos opinions sur l'école, sur l'éducation? Qu'est-ce qu'on en pense? Quels sont nos comportements? Qu'est-ce qu'une valeur? Qu'est-ce qu'une éducation aux valeurs? Qu'est-ce que la cohérence? Qu'est-ce que l'incohérence?

C'est une période d'incubation, de gestation destinée à examiner les diverses facettes de ce que pourrait être le projet éducatif qui émergera du milieu. L'intuition joue un rôle essentiel au cours de cette période.

Par l'interaction des partenaires et grâce à leurs diverses intuitions, il est possible d'examiner des pistes qui pourraient faire l'objet d'un projet privilégié dans le milieu. Il ne s'agit pas de dire: «Nous allons explorer pendant un mois; puis nous réaliserons le projet.» L'exploration est une période nécessaire, mais non définie dans le temps. Elle se termine quand les intuitions sont suffisamment claires pour que des décisions puissent être prises.

L'incubation peut être courte ou très longue selon les différents milieux. Il est bien évident que pour un groupe qui en est à sa première entreprise collective, l'incubation et l'exploration des idées pourront être beaucoup plus longues.

Incubation, d'accord. Mais évitons le piège dans lequel tombent trop d'intervenants, soit de ne jamais dépasser cette période de l'incubation. L'exploration peut s'avérer riche, mais elle peut aussi démobiliser les gens par sa trop longue durée. J'ouvre une parenthèse ici pour mentionner l'importance primordiale du leadership au cours de cette période. Quant à l'exploration, elle ne doit pas être simplement une discussion autour de points très larges, mais bien une analyse de ce qu'il est possible de réaliser à l'intérieur du milieu, un examen des avenues possibles et des effets souhaités ainsi que, le cas échéant, une prise de décision sur le type d'engagement et la nature même du projet que nous tenterons de vivre dans le milieu.

Il s'agit aussi, au cours de cette période, de cerner les intérêts, les préoccupations et les besoins. Ces trois éléments sont primordiaux. Les partenaires qui explorent la possibilité de vivre un projet éducatif dans le milieu participent à cette exploration, compte tenu d'intérêts, de préoccupations ou de besoins souvent très différents. Par le fait même, le projet qui prendra forme à la suite de cette démarche aura probablement une signification qui variera beaucoup de l'un à l'autre. Durant cette période d'exploration, il est nécessaire que chacun puisse exprimer clairement son désir d'engagement, quelles en sont les limites et quelles sont ses propres possibilités à l'intérieur du projet.

Il arrive trop souvent qu'on ne parvienne pas à concrétiser des projets simplement parce qu'on a oublié de respecter et les disponibilités et les potentialités des participants. J'aimerais ici mentionner un certain nombre de questions qui doivent être résolues au cours de la période d'exploration.

Ces pistes pourront servir d'éléments d'animation au cours de l'exploration. Ce sont des questions ouvertes qui nécessitent une discussion serrée si l'on veut parvenir à concrétiser cette idée de projet éducatif. Évidemment, chacun des partenaires peut ajouter des éléments à cette réflexion.

Quelques pistes

- Qui peut se réunir?
- Qui regroupera ceux qui veulent se réunir?
- Que pourrions-nous faire ensemble?
- Qui est intéressé? Pourquoi?
- Jusqu'à quel point sommes-nous intéressés?
- Comment arriverons-nous à cerner nos intérêts, nos préoccupations, nos besoins?
- Sommes-nous prêts à nous engager? Par quels moyens?
- Qui veut s'engager?
- Que ferons-nous des autres?
- Favoriserons-nous une participation directe ou une participation indirecte dans le projet?
- Tenterons-nous de rejoindre l'ensemble des agents? Lesquels?
- Dans notre milieu, la mobilisation est-elle facile?
- Y a-t-il d'autres projets qui ont réussi, échoué? Pourquoi?
- Quelle est la perception du milieu par rapport à l'idée de projet?
- Sommes-nous disponibles? Dans quelles conditions? Jusqu'à quel point?
- Quelles sont les pistes, les contenus possibles pour notre projet?

- Comment nous situons-nous par rapport à ces contenus possibles?
- Quel est notre intérêt?
- Qu'est-ce qui serait le plus rentable pour notre milieu? À quelles conditions?
- Sur qui pouvons-nous compter dans l'école? À l'extérieur de l'école?
- Existe-t-il des politiques de l'organisation scolaire qui favorisent les projets éducatifs? Si oui, comment s'en servir?
- Existe-t-il des personnes-ressources pour nous aider à élaborer un projet? À quelles conditions les utiliserons-nous?
- Parmi nous, qui possède des informations facilitant l'émergence d'un projet?
- Qui peut, parmi nous, animer nos rencontres?

Il est bien évident que cette énumération de pistes ou de questions n'est pas exhaustive, mais elle comporte des éléments essentiels. Point n'est besoin de les examiner une à une et d'y répondre. Il faut plutôt garder en tête cette grille de questions tout au long du temps d'exploration. Au fur et à mesure que l'incubation se fera, que les idées seront en gestation, il sera possible d'y revenir et de tenter d'examiner divers éléments qui auraient pu nous échapper. Il est certain qu'un groupe, compte tenu de ses antécédents, peut aborder plus ou moins rapidement ces éléments.

Par contre, l'observation de plusieurs projets dans différents milieux m'a permis de constater qu'on escamote trop souvent la période d'exploration. Sous prétexte de passer plus vite à l'action, on établit hâtivement les idées sur lesquelles on veut travailler et on se rend compte par la suite, après quelques semaines d'opération, qu'il aurait fallu analyser et scruter davantage ce qui reliait les partenaires. Cela permettrait de les mobiliser et favoriserait une action beaucoup plus concertée.

On remarque très souvent dans des organisations

scolaires des gens qui, sous prétexte d'être efficaces, éla- borent en quelques heures, parfois moins, des priorités d'action échelonnées sur une année, priorités qu'ils igno- rent tout simplement par la suite. Dans plusieurs milieux, on prend l'habitude de fonctionner très rapidement, ce qui entraîne une disparition, à très court terme aussi, des projets. Je relate une petite expérience que je fais régu- lièrement dans différents milieux. Des gens m'avaient mentionné qu'ils élaboraient des projets à partir de prio- rités qui avaient été établies au mois de juin précédent (nous étions en novembre). J'ai donc prié simplement les participants d'afficher sur un mur une liste de priorités; ensuite, je leur ai demandé de lire chacune des listes affichées. Il y eut un éclat de rire général, tellement les priorités variaient d'un participant à l'autre. Certains parti- cipants avaient même remis des feuilles blanches, vu qu'ils avaient oublié d'apporter à la réunion le document sur lequel figuraient ces priorités. Et pourtant, au mois de juin précédent, tous ces gens avaient travaillé ensemble à l'établissement d'une liste de priorités. C'était là ce qui devait soutenir l'action, dans ce milieu, au cours de l'an- née scolaire.

Je crois que toutes ces démarches qui visent à établir des priorités, à les formuler en objectifs et en moyens, sont des opérations de rationalisation qui aboutissent très rarement à du concret. Après avoir établi les prio- rités, les gens retournent dans leur milieu, aux prises avec leur quotidienneté, et ces priorités deviennent alors pour eux une simple action parmi tant d'autres.

Il est évident que les tenants de ces démarches de travail nous diront que les participants n'ont pas élaboré avec assez de rigueur leurs priorités et leurs objectifs, qu'ils n'ont pas su établir un suivi, qu'ils n'ont pas su contrôler leurs actions et ainsi de suite…

Il est trop facile, lorsqu'une démarche ne réussit pas, d'en attribuer l'échec aux participants eux-mêmes au lieu de regarder du côté de la technique utilisée. Je crois qu'il faudrait s'interroger très sérieusement sur le temps et les énergies dépensés à définir et à faire des plans, en comparaison du temps consacré à la réalisation de ces plans.

On a vu trop souvent des organisations scolaires imposer à leurs cadres, aux éducateurs, aux directions d'écoles, des démarches de planification tellement sophistiquées, tellement éloignées de la réalité et du quotidien, qu'elles n'ont finalement accouché que de documents, certes bien élaborés, mais qui ne génèrent qu'un changement minime.

Dans le contexte d'un projet éducatif, il est essentiel que la période d'exploration soit faite autour de questions très larges, d'éléments suscitant la réflexion et les prises de position. Aucune technique, si sophistiquée soit-elle, ne peut permettre à des éducateurs d'élaborer un projet qui tienne compte et de leur situation et de leur désir de s'engager sur un plan très personnel.

Je crois davantage aux démarches qui favorisent l'émergence d'un mouvement qui ne soit pas créé de toutes pièces mais qui ait déjà des racines chez les individus; cette appartenance a un puissant effet de stimulation et favorise la concrétisation du mouvement. C'est la plus grande qualité dont puisse faire preuve l'animateur: permettre d'inscrire et de maintenir avec les participants un mouvement de réflexion, de recherche, de prise de conscience qui, par la suite, débouchera sur des actions significatives et durables dans le milieu.

La personne qui aura charge de l'animation de cette période d'exploration doit toujours à mon sens respecter les participants, tant dans leur désir de participer que dans les limites mêmes qu'ils posent au projet à naître. On peut souhaiter des projets d'envergure, des projets généreux, des projets qui marqueront notre époque. Cependant, les éducateurs qui travaillent dans nos milieux n'ont pas nécessairement le goût de s'engager dans ces entreprises gigantesques. Il est préférable de créer un petit projet, qui soit à la mesure des participants et qui se concrétisera et se maintiendra dans le temps, plutôt que de planifier un projet qui est hors de la portée des différents partenaires.

On oublie très souvent cette dimension de la simplicité. À trop vouloir pour les autres, on s'éloigne d'eux et on perd ceux qu'on voulait engager dans une démarche. L'animateur ou le groupe d'animateurs de la période d'exploration doit faire partie intégrante de cette démarche. Il ne s'agit pas de faire de l'animation à froid, de l'animation en technicien, mais bien de tenter avec les autres de concrétiser une possibilité de projet dans le milieu. L'animateur ne peut pas se contenter d'utiliser des techniques de conduite de réunion. Il doit participer lui-même à l'ensemble du processus, fournir ses propres idées, ses propres opinions, mettre sur la table ses valeurs, les confronter avec celles des participants, et tout cela n'est possible que dans la mesure où un climat de réciprocité et d'interaction s'installe dans le groupe.

Si l'animateur ou le groupe d'animateurs de cette période d'exploration se présente comme l'unique détenteur du savoir, comme le seul qui ait déjà réfléchi à l'idée de projet éducatif, le seul qui puisse mener à bien cette entreprise, je crois que le travail se fera plus rapidement, mais aussi qu'une démobilisation se produira à très court terme. Enfin, je voudrais mentionner que la période d'exploration peut, dans ce modèle cyclique de travail que je vous présentais au chapitre précédent, être reprise et ce, à divers moments du cycle du projet éducatif. J'entends par là que l'on peut mener une période d'exploration, commencer à articuler un projet et, par la suite, revenir à ses idées de départ, rescruter sa réalité pour prendre une position claire et précise.

Une période de choix ou de prise de décision

À la suite de cette période d'exploration, il devient nécessaire de choisir le contenu même du projet que nous tenterons de vivre dans le milieu. Cette période de choix ou de prise de décision implique que le groupe de partenaires se donne des critères pour effectuer ce choix. On peut penser, au point de départ, qu'il s'agira d'une question d'opinion ou de goût personnel. Au cours du processus de prise de décision, ce sont là des facteurs importants. Pourtant, il faut songer à les dépasser ou, du moins, à tenter d'en examiner d'autres.

Il faut examiner deux critères avant de prendre une décision sur le contenu même du projet.

Le premier critère est la pertinence. Il s'agit en fait de déterminer la signification du contenu du projet retenu, tant pour les participants au projet que pour l'ensemble du milieu concerné.

Le deuxième critère est la faisabilité. Il faut ici analyser si, compte tenu des qualités des partenaires, des ressources et de la conjoncture du milieu, il est possible de vivre, avec un minimum de probabilités de succès, le projet éducatif.

Plusieurs autres critères peuvent être examinés. Je renvoie ceux qui veulent explorer davantage ces dimensions aux ouvrages fondamentaux de Stufflebeam (1974) et du Cadre (1977). En outre, il est également important de s'informer et, possiblement, de se former à diverses techniques d'assistance à la prise de décision. Un texte de Pierre Lucier présente une bonne synthèse de ces diverses techniques d'assistance. La liste qu'il dresse comporte un certain nombre de techniques de base: le «brainstorming», le cynectique, la simulation, l'arbre de décision, l'ordinogramme sont autant de techniques d'assistance qui peuvent favoriser une prise de décision plus articulée, plus significative. Rappelons toutefois que ce ne sont que des outils pour aider à la prise de décision. Le processus même de prise de décision doit s'établir sur des principes beaucoup plus larges.

Cette étape de la prise de décision doit se départir de son caractère arbitraire. Il est essentiel que les partenaires puissent analyser leur démarche de prise de décision à travers des critères qui soient pertinents et significatifs. De plus, la prise de décision du contenu du projet éducatif s'ancre nécessairement dans les données colligées lors de la période exploratoire. La prise de décision est d'autant plus facile si cette période a été bien menée. Dans certains cas, il devient évident que le milieu doit travailler à consolider ou à transformer certaines valeurs. La période de prise de décision devient alors une confirmation de cette évidence. Dans d'autres cas, il est nécessaire de trier diverses possibilités. Dans ces situations, le processus de prise de décision nécessitera une logistique plus élaborée. La période de prise de décision sera nécessairement plus longue et plus laborieuse si les partenaires désirent faire des choix judicieux et pertinents à la situation de leur milieu.

Dans ce contexte, il est utile de se demander si une organisation ou un système scolaire peut imposer des délais similaires à tous les établissements sous sa juridiction. Il convient d'accepter une règle dès le point de départ: il faut laisser le temps à l'école pour qu'elle entreprenne une démarche en profondeur. Mais il faut aussi accepter que l'organisation scolaire ait des responsabilités, notamment lorsque l'idée de projet éducatif est inscrit dans certaines législations. Dans plusieurs milieux, ce problème a été résolu par l'acceptation et la diffusion de certaines règles et échéances minimales. Par exemple, telle commission scolaire:

a informé, après consultation, tous ses établissements qu'ils devraient fournir une esquisse de projet éducatif dans une période de 24 mois suivant l'adoption de la politique générale;
a informé tous ses établissements que le cycle action/réaction permettrait de s'ajuster au fur et à mesure du cheminement de chacun des milieux;
a fourni des ressources à ses établissements pour les soutenir selon leurs demandes respectives.

Il ne faut pas remettre en question la nécessité de rendre compte de ses activités lorsqu'on évolue au sein d'organisations. Cela me paraît une évidence. Parallèlement, le contexte organisationnel doit soutenir une telle démarche et la faciliter par certaines directives compatibles avec l'esprit même du projet éducatif. Trop souvent, certaines organisations scolaires se contentent d'imposer des échéanciers sans se préoccuper du processus qui doit être mis en œuvre.

Cette attitude a pourtant déjà été adoptée en plusieurs endroits où l'on voit des responsables de projet bousculer les étapes et même les improviser afin de faire face aux échéances. On peut se demander ensuite quel est le degré d'engagement du projet et sur quelle base il démarrera. Trop d'administrateurs se contentent de dire: «Toutes nos écoles ont réalisé l'opération demandée à la date indiquée; donc, l'objectif est atteint.»

La nature de ce qui s'est passé, la participation des agents, les effets de la démarche semblent importer bien peu. Ce sont là des éléments négligeables, puisqu'ils ne peuvent être affichés dans des statistiques. Dire que douze écoles sur douze ont respecté l'échéancier est une donnée qui figure très bien dans un tableau. Analyser le rythme des écoles, le style de projet qui s'en dégage, ne peut se faire par des mesures administratives. Il est de beaucoup préférable d'examiner et d'analyser le cheminement propre à chacune des écoles et par la suite d'établir un profil pour l'ensemble de l'organisation.

Malheureusement, peu d'administrateurs ont actuellement ce souci. Dans certains milieux, on semble plus enclin à établir une démarche qui ne vise qu'à un contrôle strict des opérations. On croit qu'un milieu évolue, se transforme, simplement parce qu'on a respecté un échéancier. C'est là une vision plutôt simpliste du changement, mais qui existe malheureusement dans certains milieux...

La période de choix ou de prise de décision nous amène à nous rapprocher de plus en plus de l'action, c'est-à-dire de la concrétisation et du développement du projet.

Une période d'articulation

L'exploration et la prise de décision nous conduisent à ce qu'on peut appeler la période d'articulation du projet. Dans les premières actions, beaucoup d'intuitions, beaucoup de confrontations, beaucoup d'analyses ont permis aux partenaires de se donner un projet à leur mesure. Des critères de prise de décision ont amené le groupe à faire un choix qui lui soit pertinent. Des aller-retour ont permis de tester ces choix dans la réalité.

Il reste à mettre en ordre l'ensemble de ces éléments. C'est la période d'articulation, c'est-à-dire ce moment privilégié où l'on tente d'organiser les éléments qui ont surgi dans les périodes précédentes.

L'observation de différents projets nous montre que plus les périodes d'exploration et de prise de décision ont été bien menées, plus l'articulation est simple, rapide et satisfaisante pour l'ensemble des partenaires. L'articulation est le contraire de l'improvisation. Elle vise à organiser ce que l'on pense faire, lui donner une forme qui en permettra une diffusion plus large.

Au cours de la période d'articulation, on précise les prochains gestes que les partenaires décideront de poser. De plus, cette période permet aux partenaires de faire la synthèse de l'ensemble des éléments retenus dans les périodes d'exploration et de prise de décision. Bien entendu, une articulation n'est pas finale. Les partenaires peuvent donc se permettre de revenir sur leur articulation et de l'étoffer au fur et à mesure de l'évolution même du projet. Lorsqu'on articule un projet, on doit tenter de cerner au moins les dix éléments suivants:

1. Le titre du projet.

Cet élément semble banal en soi, mais en fin de compte il est très important. Il est essentiel de savoir à quoi on adhère, dans quoi on s'engage. Je pense que très souvent on donne à des projets éducatifs des titres vides de sens, des titres qui prêtent à équivoque, des titres qui sont d'une générosité telle qu'on ne sait pas dans quoi on s'engage. Donner comme titre à un projet éducatif «Favoriser le développement global des enfants» me semble tellement général qu'il ne peut susciter qu'une unanimité stérile. Pour moi, le titre d'un projet doit nommer le plus clairement possible ce qui est en train de se développer dans le milieu. On doit reconnaître à travers le titre les éléments qui permettent de se représenter le projet avec netteté. Par exemple, le titre suivant me semble porteur d'une plus grande probabilité de développement et de concrétisation: «Notre projet éducatif: développer la liberté et la responsabilisation par des pratiques de pédagogie ouverte.»

2. Nommer le cadre de référence.

Il s'agit en fait, dans cette étape de l'articulation, de nommer et d'expliciter clairement les valeurs dont on veut faire la promotion à l'intérieur du projet éducatif. De même, l'orientation ou le modèle pédagogique privilégié y apparaît. Pierre Angers (1978) montre clairement l'importance de ce cadre de référence.

> «Ce cadre de référence constitue un instrument utile au projet; dans certaines circonstances il peut devenir indispensable. Il peut être utilisé pour l'analyse critique et l'interprétation des comportements des maîtres et des administrateurs, pour la lecture critique des événements, pour l'évaluation interne du projet, pour les corrections et les rectifications apportées en cours de route. Il importe de posséder, au départ tout au moins, les lignes majeures d'un cadre de référence; les données recueillies au cours du projet, les analyses et les réflexions faites à partir de l'expérience accumulée permettront d'expliciter constamment ces axes majeurs, de les nourrir, de les modifier ou de les

affermir par des formulations sans cesse retouchées et toujours plus adéquates. Privés de ce cadre de référence, les animateurs peuvent se trouver dans la position d'un pilote d'avion sans tableau de bord et sans instrument d'orientation.»

L'articulation du référentiel ne consiste pas à inventer un cadre de référence. Ce cadre de référence doit être explicité avec un maximum de clarté. Il faut éviter de retenir des modèles tout faits qui accélèrent la démarche et qui, en fin de compte, ne sont pas à la portée des partenaires. Dans l'exemple mentionné dans l'item précédent («Notre projet éducatif: développer la liberté et la responsabilisation par des pratiques de pédagogie ouverte»), il conviendra:
de définir la valeur liberté;
de définir la valeur responsabilisation;
de cerner les liens interactifs de ce couple de valeurs;
de définir ce qu'il faut entendre par pédagogie ouverte
et finalement de nommer quelques pratiques cohérentes avec la pédagogie ouverte et qui permettent de vivre les valeurs retenues.
Le projet éducatif aura alors un sens, une orientation. L'axe de recherche de cohérence est délimité.

3. S'agit-il d'une innovation ou d'une rénovation?

Il est important de préciser, à cette étape de l'articulation du projet éducatif, si l'idée que nous sommes en train de développer et qui se concrétisera par des pratiques éducatives crée une rupture dans notre milieu de travail ou si elle est en continuité avec ce qui existe déjà dans le milieu. Les énergies et les gestes à poser ne seront pas de même intensité s'il s'agit d'une innovation ou d'une rénovation. Encore une fois, il y a lieu de déterminer, d'après ce que nous avons décidé de faire, si nous allons du côté de l'innovation ou de la rénovation. Ce n'est en aucun cas une question de préférence. C'est une question d'évidence.

4. L'analyse situationnelle.

Cette partie de l'articulation permet de déterminer le plus clairement possible ce qui a été fait jusqu'ici dans le milieu par rapport au projet. S'il y a émergence, il faut présumer qu'il existe déjà dans le milieu des indices, des comportements, des attitudes existantes qui favoriseront le développement du projet. L'analyse situationnelle permet également de préciser par la suite ·quels seront les premiers gestes que nous aurons à poser.

5. Jusqu'où ce projet peut-il nous conduire?

Dans cette étape de l'articulation, on examine les effets possibles du projet tant dans l'école qu'auprès des étudiants et des différents partenaires. Souvent, les personnes engagées dans un projet se démobilisent au moment où elles prennent conscience de la direction que prend le projet et des implications qu'il aura sur le milieu. Évidemment, il est pratiquement impossible de prévoir l'ensemble des effets d'un projet. Il faut plutôt en examiner les potentialités. Cet examen permet de réajuster le projet en fonction des intérêts et des préoccupations des partenaires.

6. Quelle est la zone de réalité?

Cette démarche se rapproche de l'analyse. Quelle est notre marge de manœuvre dans le milieu? Quelle est la réalité de notre milieu par rapport à ce même projet? Quel est son degré d'acceptabilité par les autorités, par les administrateurs? Ce projet est-il compatible avec les orientations générales du système? Voilà autant de questions qui permettent l'examen de la zone de réalité.

7. Qui fait quoi?

C'est l'étape de la répartition des rôles. On ne peut pas

prévoir tous les rôles et toutes les tâches pour toute la durée du projet. Cette répartition sera à reprendre au fur et à mesure du développement. Dans une première esquisse, on déterminera les opérations à mener et on établira qui en aura la responsabilité. Des termes-clés servent à définir les rôles à assumer: informateur, formateur, animateur, superviseur, analyste, expert-conseil, coordonnateur, diffuseur...

Il est essentiel que la répartition des rôles se fasse en fonction de trois critères principaux: la disponibilité, la compétence et l'intérêt. Par exemple, des parents pourront fort bien animer à la fois la période d'exploration et la période d'articulation, tandis qu'un groupe d'enseignants pourraient s'occuper de l'animation du projet au moment de son développement. Cela ne signifie aucunement que certains partenaires devront, à un certain moment, abandonner leur participation au sein du projet. Il faut tout simplement comprendre qu'il est impossible de maintenir le même type de participation et les mêmes rôles tout au long d'un projet. Les rôles devront être modifiés selon la nature du projet et selon la conjoncture du moment.

8. On fait quoi, quand et pourquoi?

Voilà trois questions essentielles. Que fait-on dans les prochaines semaines? (On doit donc nommer les activités que l'on entreprendra.) Quand les entreprend-on? (C'est là une question de calendrier.) Et surtout: Pourquoi met-on en place ces activités? En quoi ces activités vont-elles nous aider à développer notre projet? En quoi sont-elles pertinentes par rapport aux valeurs émises au point de départ? En quoi sont-elles significatives? En quoi vont-elles nous aider à nous rapprocher de la cohérence recherchée? Ces questions sont vitales si un groupe veut continuer à mettre en place des opérations qui soient significatives et cohésives.

Cette période d'analyse reviendra nécessairement en

cours de route. En fait, elle reviendra après chaque cycle d'actions et de réactions.

9. Comment sera géré le projet et par qui?

Tout le problème de la gestion du projet fait partie intégrante de l'articulation. Gérer le projet est pris dans un sens très large. Il peut s'agir de la gestion des activités quotidiennes et aussi du modèle de prise de décision. Est-ce qu'un groupe de parents peut faire avorter le projet? Est-ce qu'un cadre peut décider que le projet est terminé? Est-ce qu'un administrateur peut décider d'une modification des orientations du projet? Qui peut le faire? Par quels mécanismes?

10. Comment en ferons-nous la promotion?

L'émergence du contenu du projet éducatif peut avoir été le fait d'un groupe réduit de partenaires. Par contre, il n'est pas impossible que le groupe s'élargisse au fur et à mesure que le projet prend corps. Certains aiment s'engager dès le début d'une opération, d'autres préfèrent voir d'abord l'opération se dérouler et s'engager progressivement; d'autres enfin préfèrent participer dans la mesure où ils connaîtront clairement le sens du projet auquel ils veulent adhérer.

Cette étape de la promotion et de l'établissement d'une mécanique est primordiale. Trop souvent, des promoteurs de projet refusent, sous prétexte d'un non-engagement dès le point de départ, d'élargir les horizons de leur projet et d'élargir le nombre de partenaires. C'est une erreur fondamentale qui ne respecte pas le rythme d'adhésion ou d'adoption d'un projet par l'ensemble des agents. Il est préférable d'élargir le projet au fur et à mesure que différents agents se sentent prêts à s'y engager. Cette démarche assure une vitalité constante et nouvelle au projet même.

ÉMERGENCE D'UN PROJET
ÉLÉMENTS D'ANIMATION

EXPLORATION

1. Qui peut se réunir? Qui les regroupera?

2. Que pourrions-nous faire?

3. Qui est intéressé? Pourquoi? Jusqu'où?

4. Comment cerner nos intérêts, nos préoccupations, nos besoins?

5. Sommes-nous prêts à nous engager?
   Comment? Qui? Quelle est notre réaction par rapport à ceux qui ne veulent
   pas participer?

6. Quelles sont les pistes, les contenus
   possibles?

7. Comment nous situons-nous
   par rapport à ces pistes?

8. Etc.

ÉMERGENCE

CHOIX

DU PROJET

1. Titre du projet.

2. Le référentiel.

3. Un projet innovateur ou rénovateur.

4. D'où part-on? Analyse de la situation.

5. Jusqu'où ce projet peut-il nous conduire?

6. Quelle est la zone de réalité?

7. Qui fait quoi?

8. On fait quoi? Quand? Pourquoi?

9. Comment sera géré le projet? Par quoi?

10. Comment en ferons-nous la promotion?

11. Etc.

ARTICULATION

Quelques remarques sur l'émergence

Il me semble important de faire un certain nombre de remarques sur cette phase d'émergence du projet éducatif. Ces remarques sont liées à une observation qui a été faite de certains projets dans divers milieux. Elles ne sont pas des généralisations mais des éléments de réflexion sur ce processus d'émergence d'un projet.

Comme première remarque, je signale que la source de l'émergence d'un projet est souvent aléatoire. J'entends par là que les premières idées issues de la période d'exploration peuvent provenir de sources très variées. Il s'agit rarement d'une concertation spontanée entre différents agents du monde de l'éducation. Le projet émerge plutôt d'un sous-groupe qui soumettra à une collectivité une liste de démarches et de projets divers. Cette forme d'émergence contredit carrément l'opinion de gens de certains milieux qui disent: «Le projet éducatif va venir de lui-même, attendons que les gens en demandent un.» C'est là faire fi de l'importance de l'animation dans le milieu. De plus, c'est ignorer l'importance des jeux d'influences multiples notamment dans le domaine de l'élection de certaines valeurs que l'on souhaite privilégier.

Il est rare qu'un projet éducatif ait une source unique. En outre, souvent des idées fondamentales ou des projets éducatifs importants sont nés au hasard des circonstances et des événements. L'important n'est pas de connaître la source même du projet éducatif mais beaucoup plus d'en examiner le processus et d'en concrétiser le contenu. Que le déclencheur vienne d'un individu, d'un sous-groupe d'individus ou de l'ensemble d'une collectivité ne change pas grand-chose à l'ensemble du processus. Ce qui change, c'est l'attitude que l'on a par rapport à ces options. L'idée du projet éducatif peut être issue d'une seule personne qui, après avoir examiné son idée, la laissera à la disposition de l'ensemble des partenaires, lesquels la modifieront, la transformeront, l'adapteront selon l'interprétation qu'ils en font. Par contre, le même individu pourra, par le biais de contrôle et de pression, forcer une collectivité à adopter son idée. Dans les deux cas, c'est une question d'attitude et c'est une question de conception de l'influence que l'on souhaite avoir sur le milieu.

Il serait malheureux que certains individus taisent leurs projets et leurs idées sous prétexte qu'ils ne veulent pas les imposer, voire les proposer. À mon sens, il est important que toutes les idées soient soumises à l'attention de l'ensemble des partenaires. De cette interaction et de cette confrontation devraient naître une idée et un contenu de projet qui se rapprochent des intérêts et des préoccupations de la collectivité. Restreindre les idées et les contenus du projet va à l'encontre de l'idée même d'un projet de développement issu du milieu. Chacun fait partie intégrante du milieu et l'attitude qu'il développe par rapport à ce milieu est fondamentale.

Une autre remarque porte sur le danger de forcer l'émergence. Il existe des animateurs habiles qui créent de toutes pièces, dans des collectivités ou dans des sous-groupes, des besoins qui, en fin de compte, ne sont que la transposition de leurs propres préoccupations. Lorsqu'on entend des animateurs dire: «Nous avons réussi à créer des besoins chez des gens qui n'en avaient pas», il faut s'interroger sur la profondeur de cette démarche d'animation. Un animateur peut aider un milieu à cerner ses intérêts, ses préoccupations, ses besoins, mais ne peut en aucun cas imposer à un milieu déterminé des besoins venus de l'extérieur. L'animation véritable part du souci de reconnaître chez soi et chez les autres des préoccupations divergentes et convergentes, et de tenter de mener à bien des actions tout en respectant cette réalité.

Il est donc essentiel de se reconnaître clairement à travers cette phase d'émergence d'un projet. Pour moi, «se reconnaître» comporte l'idée que l'émergence du projet est à notre image, et qu'elle est très liée à ce qu'est effectivement chacun des partenaires. L'émergence permet donc de se reconnaître et aussi de se connaître; c'est en soi une étape d'animation fonda-mentale. Aider les gens à se reconnaître et, par le biais de l'exploration, à se connaître davantage permet d'engager des actions plus soutenues et plus personnalisées.

Les animateurs d'un projet doivent pouvoir comprendre l'importance du concept de l'appropriation. Tant et aussi longtemps que le projet ou les projets n'auront qu'un seul propriétaire, il est difficile de penser à un développement et à un maintien à long terme. S'approprier un projet signifie qu'on se sent responsable de la poursuite de celui-ci. Les projets à propriétaire unique n'ont que des existences éphémères dans nos milieux éducatifs. Par contre, les projets où les partenaires se sentent tous responsables de celui-ci produisent des effets beaucoup plus soutenus et permanents.

L'un des grands dangers de cette phase d'émergence du projet est de sombrer dans l'intellectualisme, c'est-à-dire de lancer de grandes discussions autour de la définition de mots ou de principes. Je ne nie pas l'importance de définir son vocabulaire, de définir ses principes, mais il ne faut pas tomber non plus dans le piège de vouloir tout rationaliser, tout comprendre et tout prévoir dans les moindres détails. Je me souviens de ce directeur d'école qui, désirant favoriser l'émergence d'un projet dans son milieu, avait au préalable et pendant près de six mois, compilé pas moins de mille pages d'enquête de toutes sortes afin de cerner le milieu et de déterminer ce qu'il y aurait à faire; pendant ce temps, les gens du milieu piétinaient tout en devenant de plus en plus dépendants de cette démarche «paperassière». Pour ce même projet, on avait d'ailleurs dressé une liste d'une centaine de mots que chacun devait, en assemblée générale, définir pour soi-même et pour les autres, avant de parvenir à une unanimité de définition. Imaginez l'effort, l'énergie; en restait-il un peu pour passer vraiment à l'action? Si nous avons à définir des termes, des idées et des valeurs, il est utile de rappeler que le dictionnaire demeure l'outil le plus économique pour y arriver.

Nous constatons également que, pour plusieurs, l'idée de projet éducatif n'est qu'un prétexte pour régler d'autres problèmes du milieu. Je pense que si l'on veut que l'idée de projet éducatif se développe à l'intérieur d'un système scolaire, il est essentiel de la prendre pour ce qu'elle est et non pas pour une solution destinée à régler l'ensemble des problèmes du système scolaire.

Rappelons de nouveau que si les objectifs non avoués des intervenants prennent le dessus sur les objectifs avoués, les agents de l'éducation trouveront de moins en moins leur place dans le système et se sentiront d'un bout à l'autre piégés. Ainsi, les parents qui prennent conscience qu'ils ont été entraînés dans un projet éducatif sous de faux prétextes seront très difficiles à mobiliser pendant une longue période de temps par des idées de projet, quelles qu'elles soient.

On entend aussi souvent dans nos milieux scolaires des gens qui affirment que, pour qu'un projet éducatif se réalise, il faut que tout le monde soit en projet. Cette façon de penser nous amène à nous interroger sur l'efficacité même de nos interventions. À mon avis, la meilleure façon de faire avorter les projets éducatifs dans nos milieux, c'est de fixer la règle suivante: «Tous en projet ou pas de projet». Vous me direz qu'il faut que tout le monde s'engage; je vous répondrai que c'est une utopie.

La conjoncture actuelle nous donne beaucoup plus à penser qu'il faut travailler avec ceux qui le désirent, quitte à assumer, par la suite, un élargissement du sous-groupe. Il en va de même de la question: «Doit-on avoir un seul projet ou plusieurs projets dans une école?» Tout dépend de la conjoncture. Dans une école où il est facile pour les gens de se mobiliser, où des entreprises collectives ont été menées à terme depuis plusieurs années, il est possible qu'un consensus s'établisse autour du même projet. Par contre, dans un milieu où il existe une plus grande pluralité, où la confrontation est plus fréquente, où les essais ont été variés au cours des années, il est peut-être préférable, au début, d'établir plusieurs projets à l'intérieur de la même école. Naturellement, on ne parlera pas alors «du» projet éducatif de l'école X mais bien de l'ensemble des projets éducatifs de cette école.

Il est aberrant de songer à créer un projet par consensus, notamment dans une école secondaire où sont concernés plusieurs centaines d'enseignants ainsi que des milliers de parents. Qu'on me nomme une méthode de travail capable de mobiliser autant de gens autour de la même idée et je modifierai mon opinion. L'observation de la réalité de tous les jours m'amène plutôt à croire la chose difficilement réalisable. Il est certes possible de mobiliser l'ensemble d'une si vaste structure scolaire autour d'une seule idée, mais cette idée sera finalement tellement générale, tellement floue qu'elle prêtera de toute façon à de multiples projets. Alors pourquoi ne pas examiner la réalité telle qu'elle est et tenter d'y développer un ou des projets tenant compte de cette conjoncture?

La dernière situation dont je voudrais faire mention porte sur le désir, avant même de démarrer le projet, de régler tous les problèmes qui le sous-tendent. Je songe à ces gens qui voudraient résoudre les difficultés de communication entre parents et éducateurs avant de commencer une démarche de projet éducatif. À mon sens, c'est tomber dans le piège de la théorie des prérequis. Si un problème existe, je pense qu'il a avantage à être résolu dans l'action, dans un projet commun plutôt qu'à l'extérieur de ce projet. J'entends par là qu'un problème de cet ordre pourra avoir des incidences sur le développement du projet et qu'il est préférable de le traiter à partir d'une situation réelle que de le traiter en vase clos.

Le développement d'un projet éducatif

Le cycle action-réaction de la période d'émergence d'un projet éducatif permet de définir la perception que l'on se fait de celui-ci, d'en déterminer le thème et le contenu et, enfin, de tenter de l'articuler à la mesure de ses participants. C'est déjà une façon de le développer. Dans cette section, nous aborderons plus spécifiquement les opérations qui servent à concrétiser dans le réel le projet éducatif qu'un milieu se donne.

La phase de développement est centrée sur la recherche d'une cohérence entre les gestes quotidiens et les valeurs qui nous inspirent, laquelle constitue le fondement du concept du projet éducatif. C'est donc à ce niveau que se situe le véritable test d'une action qui transforme le milieu, en y imprimant le mouvement nécessaire à la concrétisation progressive du projet.

Dans cette section, je détaillerai trois périodes qui, dans la phase de développement, servent de support à l'action et à la réaction. Ces trois périodes ne peuvent être élaborées que dans la mesure où des gestes sont posés en vue de la réalisation du projet éducatif. Même si elles ont été pensées, réfléchies, décidées à la phase d'émergence, elles ne pourront être validées que dans le développement concret du projet.

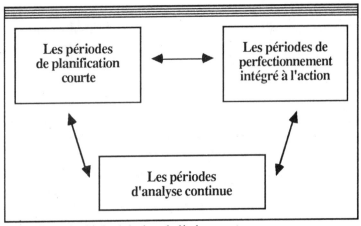

Fig. 10 Les trois périodes de la phase de développement

Les périodes de planification courte

Un cadre de travail fondé sur des structures courtes comporte aussi une idée de brièveté de la planification. La planification, dans le contexte d'un projet éducatif, est l'examen régulier et de courte durée des actions à venir et, simultanément, du rôle des partenaires dans ces actions.

Je ne crois pas à la nécessité de techniques sophistiquées pour effectuer cette planification. Il est préférable, à mon sens, d'utiliser des mécanismes simples mais qui encadrent efficacement les activités planificatrices. Il importe avant tout d'étudier, au cours de cette période, quatre points qui se résument dans les interrogations suivantes: «Qui?… fait quoi? quand? et pourquoi?».

Ces points revêtiront une grande importance au cours de l'élaboration du projet. Que les partenaires décident d'étaler la planification sur un ou sur plusieurs mois, il conviendra de reformuler ces questions chaque fois qu'un cycle d'actions sera terminé. Il y a donc avantage à demeurer dans une structure courte, car elle nous permet de réagir de façon beaucoup plus concrète aux exigences du projet, tout en l'adaptant au fur et à mesure des actions.

Qui?	Fait quoi?	Quand?	Pourquoi?

Fig. 11 La planification courte.

Je tiens à signaler l'importance qu'il y a à conserver dans les dossiers tous les documents portant sur la planification. Dans une certaine mesure, ils nous serviront à analyser le cheminement du projet et à retracer les divers événements qui ont marqué son existence. J'entends ici par «événements» les actions qui ont contribué de façon marquante à faire cheminer tant les partenaires que l'idée même du projet.

Il existe un danger qui guette la création d'une logique a priori dans un projet. L'avantage de la structure courte de planification est qu'elle engendre une logique qui s'établit au rythme du cheminement des partenaires. Cette logique, propre au projet et à ses partenaires, de même que les événements qui en découlent, pourront être aisément retracés, six mois, un an, deux ans plus tard, par le biais de l'ensemble des documents de planification.

À propos du développement, remarquons entre autres que, dans tout projet, il existe des moments d'action très forts et des moments où le projet semble piétiner. En fait, un projet ne peut pas toujours se développer à un rythme accéléré de croissance. En effet, les différents partenaires doivent faire face simultanément à deux formes d'exigences: celles du projet et celles de leur propre quotidien. Ainsi, il n'est pas surprenant que peu d'actions soient menées au cours des mois d'août et de septembre mais que, par contre, il se produise fréquemment une accélération du travail entre les mois d'octobre et d'avril de l'année suivante. Le tout s'explique facilement par les difficultés inhérentes à la rentrée scolaire. Les structures de planification doivent tenir compte de cette réalité. Il est donc inutile de prévoir une foule d'actions à mener au début d'une année scolaire, quand on sait pertinemment que les différents partenaires seront beaucoup plus préoccupés par les problèmes quotidiens que par les questions de développement.

Les périodes de perfectionnement intégré à l'action

Par sa définition, un projet éducatif est un développement progressif lié à des actions et des réactions continues. Il est évident qu'à l'intérieur de tout ce processus les différents partenaires sentiront la nécessité de s'accorder des périodes de perfectionnement. Ils sentiront la nécessité soit de se replonger dans un domaine particulier, soit de mieux s'outiller, soit encore de mieux comprendre certains aspects de l'acte éducatif. Ils pourront également se questionner sur certaines pratiques inhérentes aux valeurs retenues dans le projet.

Ces périodes sont essentielles; elles doivent toutefois, si l'on veut que le perfectionnement soit utile au processus du projet éducatif, s'intégrer à la démarche même de l'ensemble des partenaires. Il faut que ce perfectionnement nous rende plus aptes à cheminer à l'intérieur du projet et, pour ce faire, il doit être lié à l'action.

Il faut entendre par «perfectionnement significatif» celui qui part des problèmes posés sur le terrain même ou encore des situations à consolider par diverses actions. Le perfectionnement sera significatif dans la mesure où il tiendra compte de cette condition minimale.

Quelques principes devraient guider le choix d'un perfectionnement.

1. Le perfectionnement doit être continu.
2. Il doit être décidé par les différents partenaires du projet éducatif.
3. Il doit viser à aider les gens à produire des idées et des actions dans le cadre de leur projet éducatif.
4. Il doit s'adapter au cheminement même du projet.
5. Les partenaires doivent participer à la gestion complète de leur perfectionnement.

Ces principes nous amènent à remettre en question l'approche de plusieurs milieux en ce qui concerne le perfectionnement soit des enseignants, soit des cadres scolaires, soit même des parents. En effet, dans certaines organisations scolaires, les plans de perfectionnement sont morcelés et ne sont liés à aucune attente, aspiration ou même action. Rappelons que la démarche de perfectionnement à privilégier, dans le contexte d'un projet éducatif, doit être intimement rattachée à la gestuelle quotidienne des participants. Les valeurs se traduisent dans des gestes. Le perfectionnement est alors au service de l'action et l'action au service du perfectionnement.

Dans cette perspective, le perfectionnement n'a pas à être théorique ni pratique. Il lui suffit de devenir significatif pour les différents partenaires de l'action. Il ne doit pas d'ailleurs être délimité pour les années à venir. Comme il se précise au fur et à mesure de l'action, il est essentiellement voué à la transformation.

Pour intégrer le perfectionnement à l'action, il faut respecter certaines règles minimales quant à son organisation. Tout d'abord, il y a lieu de rapprocher le plus possible les périodes où l'on se perfectionne. En d'autres mots, il doit y avoir un laps de temps très court entre le moment où l'on décide de se perfectionner sur telle ou telle dimension de l'activité éducative et le moment où l'on reçoit ce perfectionnement.

Cet aspect conduit automatiquement à un autre: la prise de décision concernant le perfectionnement doit être le plus possible décentralisée. Cela est trop peu souvent le cas. Ainsi, il arrive trop fréquemment que des partenaires, qui sentent la nécessité de se perfectionner sur des outils permettant l'analyse de leur vécu dans le cadre du projet éducatif, se retrouvent face à une structure d'autorisation de ce perfectionnement, au sein de l'organisation scolaire, qui exige des mois et des mois de démarche; il est alors évident que le perfectionnement est beaucoup moins significatif au moment où il est reçu. L'organisation peut prévoir des perfectionnements pour l'ensemble de son personnel, mais elle devrait tenir compte des projets qui se développent dans les écoles. Cependant, les perfectionnements collectifs ne sont pas à négliger, notamment dans les organisations qui tentent de se définir une mission globale à partir des projets issus de la base. Mais même dans ce cas, il faut créer des disponibilités pour que chacune des écoles puisse définir ses propres activités de perfectionnement.

Quant aux différents partenaires du projet éducatif, ils doivent, dans l'articulation de leur période de perfectionnement, prêter attention à deux éléments principaux: en premier lieu, il leur faut être attentifs aux choix des «intervenants», c'est-à-dire ceux qui les aideront par des activités de perfectionnement. Les partenaires devront donc rencontrer ces intervenants et leur feront connaître, avec le plus de précision possible, leurs intérêts, leurs préoccupations et leurs besoins. Pour leur part, les intervenants indiqueront aux différents partenaires les principes qui les guident dans leur travail. C'est un minimum si l'on veut qu'il y ait cohérence entre les actions souhaitées et les propositions qui sont faites quant au perfectionnement. En deuxième lieu, les partenaires doivent être attentifs à la cohérence entre les différents perfectionnements. Il faut donc examiner si les activités de perfectionnement, qui sont menées simultanément dans l'organisation, nous permettent de mieux concrétiser notre action ou si elles ne nous conduisent tout simplement pas dans des culs-de-sac.

C'est là une question de choix. Si nous souhaitons vivre un perfectionnement continu, axé sur les actions que nous menons, ce perfectionnement devra être le plus cohérent et le plus articulé possible. Par contre, si nous nous trouvons à une étape de clarification ou d'exploration, nos besoins de perfectionnement ne seront pas du tout les mêmes. Il y aura alors lieu de se donner un perfectionnement qui visera avant tout à comparer diverses idéologies, diverses valeurs, diverses pratiques, à partir desquelles il sera possible d'effectuer un choix judicieux.

Dans cette idée de perfectionnement intégré à l'action, il s'agit beaucoup plus d'une question d'attitude par rapport aux activités de perfectionnement que d'une structure à mettre en place. Ici, les structures doivent être réduites au minimum, sinon nous risquons de passer plus de temps à gérer des structures qu'à gérer nos activités de perfectionnement.

Les périodes d'analyse continue

L'analyse est le pivot du modèle interactionnel et inter-réactionnel. Elle nous permet, entre autres, de comprendre, à partir des faits, ce qui se passe dans le développement du projet éducatif. D'ailleurs, au cours de ce développement, nous avons avantage à jumeler à intervalles réguliers une analyse du cheminement du projet et une analyse des effets du projet.

Les périodes d'analyse doivent s'effectuer aussi souvent que les différents partenaires le jugent nécessaire. Ces périodes peuvent être aussi bien formelles qu'informelles. Si les périodes formelles sont beaucoup plus ponctuelles, c'est-à-dire délimitées dans le temps, les périodes informelles, elles, peuvent être réalisées à tout moment.

Les périodes d'analyse touchent à la fois les actions menées, les réactions reçues à ces mêmes actions et les futures actions à entreprendre. Cette dynamique doit être respectée au cours des périodes d'analyse.

Comprendre ce que nous avons fait, pourquoi nous l'avons fait, comment nous réagissons par rapport à ce que nous avons fait et ce que cela nous permet d'entrevoir pour les actions futures, voilà les éléments essentiels d'une analyse continue du développement.

Dans les pages qui suivent, je propose deux outils qui permettent de recueillir des données qui sont à la fois source de regard critique et possibilité de nouvelles actions. Vous trouverez également, dans la deuxième partie de cet ouvrage, plusieurs autres outils d'analyse.

Ces outils sont présentés sous forme d'un questionnaire qui, tout en partant des faits réels, laisse toute latitude pour interroger ces faits. Les questions concernent autant les animateurs et les superviseurs du projet que l'ensemble des partenaires. Ces outils ont donc avantage à être utilisés conjointement par les différents partenaires. Ils ne sont en aucun cas exhaustifs, c'est-à-dire qu'ils n'englobent pas toute la réalité du projet. Ce sont des pistes d'analyse. Chaque participant à un projet peut améliorer et allonger cette liste de questions, qui n'est rien de plus qu'une grille, et non pas une technique qu'il faut suivre intégralement.

Liste de questions favorisant l'analyse du cheminement d'un projet éducatif

1. Qu'est-ce qui est en place?
2. Qu'est-ce qui fonctionne?
3. Qu'est-ce qui ne fonctionne pas?
4. Qui fait quoi présentement?
5. Quel est le niveau de satisfaction par rapport aux autres actions posées?
6. Quels changements sont survenus dans l'articulation même du projet?
7. Quels changements seraient souhaités par les partenaires dans l'articulation du projet?
8. L'échéancier prévu a-t-il été remis en question? Pourquoi?
9. Qu'est-ce que les différents animateurs et superviseurs ont proposé aux partenaires quant au projet: de l'instrumentation, de la formation, de l'entraînement, de l'information?
10. Qu'est-ce que les différents partenaires ont demandé aux animateurs et aux superviseurs du projet: des outils, des ateliers d'entraînement, des planifications, des informations, etc?
11. Selon quel modèle interviennent les animateurs, les superviseurs? En quoi l'action est-elle privilégiée? En quoi les réactions sont-elles privilégiées?
12. Pouvez-vous faire un bilan actuel de l'ensemble de vos interventions dans le cadre de ce projet? Quels en sont les principaux événements?
13. Arrivez-vous à cerner vos besoins de perfectionnement? Lesquels ont été vécus? Quel en est le degré de satisfaction?

14. Y a-t-il eu cohérence entre le perfectionnement et les intentions mêmes du projet? Pourquoi?

15. Quelles sont les actions qui n'ont pas été terminées? Les remettez-vous en question? Pourquoi?

16. Quelles actions devraient être entreprises dans les mois à venir? Pourquoi?

17. Qui les fera? Pourquoi? etc.

Liste des questions possibles pour favoriser l'analyse des effets d'un projet éducatif

1. Par rapport à la formulation première faite au cours de la période d'émergence du projet, qu'est-ce qui a le plus changé? le moins changé? Pourquoi?

2. Pouvez-vous faire une chronologie des divers événements de votre projet?

3. Existe-t-il des liens entre les événements? Lesquels?

4. Quels sont les événements marquants de votre projet? Pourquoi? Qui les juge importants? Comment ces événements s'inscrivent-ils dans l'émergence et le développement du projet?

5. Quelles sont les causes des forces ou des faiblesses de votre projet?

6. Comment savoir si le projet est encore significatif pour les diverses personnes concernées?

7. Quel a été l'effet des interventions des animateurs et des superviseurs dans ce projet?

8. Pouvez-vous décrire la qualité de la participation des différents partenaires?

9. En quoi l'adéquation entre vos gestes quotidiens et une ou des conceptions de l'éducation a-t-elle été transformée? Quels sont les faits significatifs de cette transformation? Comment les analyser dans votre milieu?

10. Comment réagissent au projet ceux qui n'y ont pas participé? Qu'avez-vous fait pour les impliquer? Que pourriez-vous faire de plus?

11. Quelle est la répercussion de votre projet chez les enseignants? chez les étudiants? chez les parents? chez les cadres? Ces effets sont-ils les mêmes? Sont-ils différents? En quoi?
12. Que pensez-vous de l'état de votre projet à ce moment-ci?

Bien entendu nous devons adapter ces outils à la conjoncture même du développement du projet. À certains moments, une analyse exhaustive est nécessaire, tandis qu'à d'autres, quelques pistes suffisent à créer une réaction et à entreprendre de nouvelles actions.

L'analyse est importante, mais la profondeur de cette analyse dépend beaucoup de ce dont les partenaires ont besoin pour poursuivre leur démarche. Il est inutile d'entreprendre des analyses en profondeur lorsqu'il faut simplement réagir à propos d'un échéancier. Par contre, l'analyse devrait se situer beaucoup plus en profondeur si l'on sent la nécessité de réagir à propos de notre engagement même au sein du projet.

Les outils que nous venons d'examiner nous aident à recueillir des faits et à les interroger. Ces outils comportent toutefois un danger, soit celui de les utiliser uniquement pour obtenir des informations. Ils sont conçus dans une perspective beaucoup plus large, c'est-à-dire qu'ils visent à questionner pour réagir et pour agir. Ils ne constituent en aucun cas une démarche de contrôle sur les actions entreprises. Ils ont pour but de nous aider à porter un regard critique tant sur le cheminement du projet que sur les effets du projet. Utilisés dans cette perspective, ils peuvent s'avérer très rentables. N'oublions pas enfin qu'ils sont adaptables, modifiables, transformables et ce, selon les intérêts et les préoccupations des différents partenaires.

Deux remarques essentielles

L'observation de plusieurs projets éducatifs, vécus selon ce modèle de travail, nous amène à faire deux constatations importantes.

En premier lieu, nous observons régulièrement, durant la phase de développement, un déplacement très fréquent du leadership. Si, comme je l'ai déjà expliqué, le leadership revêt une grande importance dans le développement du projet éducatif, il ne doit pas pour autant être institutionnalisé, c'est-à-dire appartenir toujours au même individu.

Si on laisse le projet se développer naturellement, sans interférence, on se rend compte, au cours de ses diverses phases, que le leadership tend à se déplacer régulièrement. L'essentiel n'est pas que le leadership appartienne toujours au même individu, mais avant tout qu'il y ait un leadership. Qu'il passe du directeur de l'école à un parent, à un enseignant, à un groupe de parents ou d'enseignants n'a pas d'importance, du moment que les différents partenaires se sont déjà penchés sur la question et qu'ils ont accepté ce déplacement naturel.

Le leadership, tel que nous le concevons, n'est pas lié à une structure d'autorité mais à une structure de compétence. Le leadership ne doit pas être institutionnalisé mais lié à la capacité d'un partenaire d'assumer à un moment donné la direction du projet, compte tenu de ses compétences particulières. En acceptant le principe d'un leadership démocratique, il est facile ensuite d'accepter son déplacement. Ce déplacement pourra d'ailleurs devenir l'un des éléments marquants du développement du projet éducatif; si tel est le cas, l'analyse du cheminement du projet nous le montrera à coup sûr. Cette prise de position n'enlève pas la possibilité qu'une personne agisse comme coordonnateur permanent du projet. Dans les écoles, la direction peut effectivement assumer ce rôle de coordination.

La deuxième remarque porte sur la nécessité de permettre au projet d'accepter des adhésions nouvelles. Certes, dans un cadre rationnel de travail, l'addition, en cours de route, de nouveaux partenaires, est une chose plutôt contraignante. On dit souvent: «Ils ne pourront pas être utiles, puisqu'ils n'ont pas été là depuis le début, qu'ils n'ont pas le même vécu que les autres, et que le projet a déjà commencé à se développer.»

Pourtant, dans un cadre différent, les adhésions nouvelles en cours de route peuvent s'avérer des plus utiles. Le regard critique que nous portons sur le projet, lorsque nous y sommes engagés depuis longtemps, manque souvent de distance. Les adhésions nouvelles à un projet nous permettent d'apporter sans cesse du sang neuf au projet éducatif.

Ces adhésions nouvelles sont donc nécessaires, dans la mesure où elles permettent de dynamiser davantage le projet. À ce propos, le seul élément à retenir pour les partenaires concernés est de se donner des règles d'accueil pour les nouvelles adhésions. L'expression règles d'accueil désigne ici la façon dont les partenaires feront connaître aux nouveaux adhérents la situation du projet et la manière dont ils parviendront à s'y engager, à la mesure de leur capacité et de leur apprentissage.

Le maintien d'un projet éducatif

Le maintien d'un projet éducatif est une opération qui englobe autant l'émergence du projet que son développement. Il ne faut donc pas s'étonner si les stratégies en vue du maintien du projet éducatif reprennent plusieurs éléments des phases d'émergence et de développement.

Le problème de maintien est grandement lié au temps, c'est-à-dire à la façon dont un projet peut, à travers le temps, continuer à se développer par le biais d'une participation soutenue de ses partenaires.

J'énumère ci-après un certain nombre d'éléments qui assurent au projet les plus grandes possibilités de se maintenir dans le temps. Comme plusieurs de ces éléments ont été décrits antérieurement, il suffira de s'y reporter et d'observer la façon dont ils ont été exploités et utilisés dans le cadre de la démarche de travail.

Stratégie de maintien #1
Les différents partenaires mettent en place un processus qui permet une réarticulation constante du projet

Le maintien d'un projet est favorisé lorsqu'on met en place un processus qui permet de réarticuler le projet dès que le besoin s'en fait sentir. Là se trouve résumée toute la question de l'attention au vécu et au sens que prend ce projet pour les différents partenaires. Le maintien sera d'autant plus facile si nous sommes capables de nous adapter à cette évolution constante.

Stratégie de maintien #2
Les partenaires examinent régulièrement les axes de développement, les principes, les valeurs et le référentiel sous-jacent à leur projet

Le retour sur les axes de développement, sur les principes, sur les valeurs et sur le référentiel du projet permet également d'adapter le projet à l'évolution des différents partenaires. Ainsi, nous pouvons avoir décidé, au cours de la phase d'émergence du projet, de faire la promotion de telle valeur plutôt que de telle autre, alors que nos actions nous amènent à modifier ce choix. Le projet aura donc plus de chances de se maintenir dans le temps si nous pouvons, grâce aux mécanismes mis en place, modifier ou adapter ce référentiel. Les actions menées nous donneront l'occasion, elles, de voir si les valeurs et les principes choisis sont vraiment ceux que nous voulons assumer. Un refus de les modifier ou de les adapter entraînera très souvent le rejet du projet par les partenaires eux-mêmes.

Stratégie de maintien #3
Les partenaires modifient les rôles pour les adapter à la conjoncture

L'acceptation du déplacement des rôles en cours de route est une autre façon d'adapter le projet et de lui fournir plus de possibilités de maintien dans le milieu.

Les rôles qui ont été distribués à chacun durant la phase d'émergence n'avaient pas encore été vécus dans la réalité. Le test de la réalité nous amène donc à vérifier nos capacités et nos compétences, ce qui, par la suite, nous permet de mieux les assumer.

Le principe de la modification ouverte des rôles en cours de route enlève, à mon sens, beaucoup de tension aux différents partenaires, qui n'ont plus à assumer, une fois pour toutes, des responsabilités uniques et immuables au sein du projet. Ils accepteront donc de vivre leur rôle pour une période donnée, quitte à en changer selon leurs réactions et selon la conjoncture.

Stratégie de maintien #4
Les partenaires voient à ce que tous les intervenants passent à l'action dans le cadre du projet

Pour qu'un projet ait toutes les chances de se maintenir, il faut aussi que les actions concrètes, menées dans le milieu, soient efficaces et soutenues. On doit cesser de faire des discours et de reculer devant l'action, comme c'est trop souvent le cas chez certains agents éducateurs.

Cette action doit aussi être soutenue. Ainsi, si l'on développe un projet éducatif pendant une année scolaire et que les seules actions menées se résument à quelques heures de travail au cours d'une journée pédagogique, on parviendra difficilement à maintenir l'idée même du projet, vu le peu de soutien par l'action. Il est impossible de réaliser un projet éducatif si l'on ne s'en préoccupe qu'une fois par année, pendant quelques heures. Il faut peut-être procéder lentement, sans rien bousculer, mais en menant des actions régulières et soutenues.

Stratégie de maintien #5
Les partenaires vérifient régulièrement les adhésions et ce, par le biais de l'action

Un autre aspect important quant au maintien du projet éducatif est constitué par la vérification constante de l'adhésion chez les différents partenaires. Pourquoi adhère-t-on? Nos intentions se sont-elles modifiées? Dans quelle mesure? Et par quelle action? Voilà des questions auxquelles il faut répondre.

Stratégie de maintien #6
Les partenaires procèdent à une analyse évaluative continue du projet et non à une simple évaluation de fin de projet

L'analyse continue est également très importante dans le contexte d'un projet éducatif. Il peut être intéressant de procéder à une analyse de projet lorsqu'il est complètement terminé, mais la chose n'apporte aucun véritable soutien à l'action. Par contre, l'analyse continue permet, elle, de soutenir l'action et contribue à mobiliser davantage les différents agents. C'est là une stratégie lourde pour maintenir le projet.

Stratégie de maintien #7
Les partenaires cherchent constamment à soutenir le sentiment d'appartenance au projet

Le fait que le projet appartienne à l'ensemble des partenaires est un autre aspect qui favorise le maintien du projet éducatif. Un projet éducatif n'appartient pas à un seul individu, mais à un ensemble d'agents qui souhaitent en faire la promotion et l'assumer dans leur milieu. Ce sentiment d'appartenance est donc primordial.

Stratégie de maintien #8
Les partenaires cherchent à minimiser les effets des contraintes institutionnelles imposées au projet, tout en se sensibilisant pleinement à leur existence

Tout projet de développement comporte des contraintes qui ont pour effet de diminuer les possibilités de maintien du projet. Ces contraintes sont les pressions intérieures ou extérieures, tant d'ordre administratif que psychologique, qui, à certains moments, ébranlent tout autant les convictions des partenaires que leur intérêt même à poursuivre la réalisation du projet. Il est donc important de disposer de mécanismes pour faire face à ces contraintes. Même si, au cours de la phase d'émergence, on a tenté de prévoir les contraintes qui allaient peser sur le projet, celles-ci n'apparaissent véritablement qu'après un temps de vécu relativement long. Compte tenu qu'un projet éducatif se développe progressivement, les véritables contraintes n'apparaîtront souvent qu'après une ou deux années de fonctionnement; d'ailleurs, plus le projet sera innovateur par rapport au milieu dans lequel il s'inscrit, plus les contraintes auxquelles il devra faire face seront grandes.

Il est évident que tout projet comporte des contraintes. Il importe toutefois d'examiner lesquelles peuvent nuire au maintien du projet et quelle sera notre attitude face à celles-ci. Tenterons-nous de les faire disparaître? Tenterons-nous de les ignorer? Tenterons-nous d'en minimiser les effets sur notre projet? C'est là un choix que les différents partenaires auront à faire à un moment ou à un autre au cours de leur cheminement.

Dans tous les cas, il faut voir les contraintes dans leur pleine réalité et ne pas leur donner des proportions inutiles; n'oublions pas qu'elles peuvent aussi être source de rapprochement entre les différents partenaires. En effet, si les contraintes sont des éléments qui nuisent véritablement à notre projet et si ce projet revêt une importance fondamentale pour les différents partenaires, ceux-ci se rapprocheront pour mener des actions collectives qui permettront de réagir aux contraintes et de tenter de les modifier. Certes, si notre projet ne suscite qu'un intérêt mitigé, nous succomberons facilement aux contraintes, quitte même à les justifier.

Stratégie de maintien #9
Les partenaires vérifient périodiquement si le projet respecte toujours les intérêts, les préoccupations et les besoins de la collectivité

Dans l'analyse situationnelle liée à la phase d'émergence, les différents partenaires se sont accordé une période de temps pour cerner leurs intérêts, leurs préoccupations et leurs besoins par rapport au développement de leur milieu. Plus tard, quand il s'agit de maintenir le projet, il est très utile de vérifier périodiquement l'évolution de ces intérêts, préoccupations et besoins. J'ai mentionné précédemment l'importance qu'il y a à dissocier l'objet ou le contenu du projet et les intentions des partenaires. J'avais même ajouté que, très souvent, des projets éducatifs parviennent difficilement à se maintenir dans le temps parce que les intentions des partenaires se modifient alors que l'objet du projet a toujours un intérêt pour eux. La vérification périodique de cette évolution permet soit de discuter plus clairement les intentions, soit de mieux adapter le projet à ceux qui le vivent; il y a alors de plus grandes possibilités de maintenir le projet dans le temps.

Stratégie de maintien #10
Les partenaires clarifient les relations qu'ils ont entre eux

Un autre aspect qui favorise le maintien d'un projet éducatif dans un milieu est la clarté dans les rapports entre les partenaires. J'ai d'ailleurs déjà insisté sur cet aspect lorsque j'ai présenté le cadre d'action au chapitre 3.

Stratégie de maintien #11
Les partenaires valorisent davantage les points positifs du projet que les faiblesses

Dans le contexte d'un projet éducatif, il est également important, au moment des temps d'analyse, de se concentrer autant sur les points positifs que sur les problèmes ou faiblesses liées au développement. Trop souvent en effet, on ne considère que les problèmes vécus, en laissant de côté les aspects positifs et satisfaisants qui composent notre expérience. Je crois que l'une des stratégies de maintien les plus valables consiste à valoriser davantage (ou à tout le moins autant) les points positifs que les faiblesses du projet éducatif.

On constate trop souvent que les réunions, qui devraient servir à établir des relations de soutien entre les intervenants et les partenaires d'un projet éducatif, commencent par la sempiternelle question: «C'est quoi vos problèmes?» Par cette question, on se place tout de suite sur le plan des déficiences plutôt que sur celui des aspects valorisants. Pourquoi les rencontres ne commenceraient-elles pas par des questions comme «Qu'est-ce qui va bien dans notre projet? Qu'est-ce qui nous satisfait? Qu'est-ce que nous pourrions davantage développer par rapport à cette satisfaction?» Il faudra certes, par la suite, examiner les problèmes et voir ce que nous ferons dans l'action pour tenter de les résoudre, mais il est avant tout essentiel, si l'on désire obtenir une amélioration de l'action et du projet lui-même, de valoriser davantage, au point de départ, les aspects positifs.

Stratégie de maintien #12
Les partenaires déterminent les appuis sur lesquels ils peuvent compter si des problèmes surgissent

Un autre élément à considérer est la compilation des appuis sur lesquels on peut compter, si des problèmes majeurs viennent à surgir au sein du projet. Trop souvent, les cadres scolaires ou les administrateurs, après avoir donné le feu vert à des projets de type innovateur ou rénovateur, se défilent ou se rangent derrière des contraintes, des règles administratives et des processus de décision, dès que surgissent les premiers problèmes. Il est important de savoir sur qui on peut compter, de savoir si, dans un projet, on est seul ou si différents agents pourront nous venir en aide dans les moments pénibles. Nombre de projets éducatifs sont réduits à néant simplement parce que leurs promoteurs croyaient avoir carte blanche pour fonctionner, alors qu'au fond les gens qui avaient donné l'autorisation ne comprenaient même pas quel était le sens du projet.

Que de fois j'ai vu des commissaires d'école accepter à l'unanimité lors d'une réunion un projet dont ils se lavaient ensuite les mains à l'unanimité, dès que certains problèmes majeurs surgissaient. Les éducateurs qui avaient compté sur ces appuis se retrouvaient, du jour au lendemain, complètement seuls.

Je ne prétends pas que toutes les organisations scolaires agissent de cette façon. Ce phénomène est tout de même assez répandu, et il mérite qu'on s'y arrête.

Stratégie de maintien #13
Les partenaires sont sensibles au rythme et au style des différents agents éducateurs

Un autre élément qui ajoute des chances de maintien au projet éducatif, c'est la sensibilité aux rythmes et aux styles personnels. J'ai déjà souligné l'importance de ne pas bousculer les gens et de respecter le rythme de l'école dans laquelle le projet éducatif s'inscrit.

Le rythme est la vitesse de développement qui convient aux partenaires concernés dans l'école. Il est certes essentiel de donner un rythme à nos actions, mais ce rythme ne doit pas être fixé de manière uniforme pour l'ensemble des écoles. Il y a une différence entre avoir un rythme, si lent soit-il, et ne pas avoir de rythme.

Le style est également lié à des choix personnels, sur le plan tant des principes que des idéologies. Il ne fait aucun doute que le respect du style de cheminement favorise le maintien du projet dans le milieu.

Stratégie de maintien #14
Les partenaires examinent les liens organiques qui existent entre les différents projets d'une même école

Un projet éducatif dans une école est une opération qui doit englober l'ensemble des autres opérations. Ainsi, le projet aura plus de chances de se développer. Dans un milieu où le projet éducatif s'inscrit à travers ou à côté des autres opérations ou des autres projets de développement, il peut être difficile de le maintenir dans le temps car ce sera une opération parmi d'autres, et il n'y aura pas nécessairement de liens entre ce projet dit éducatif et les autres projets de l'école.

Il est donc important d'examiner s'il existe des liens de cohérence ou des liens organiques entre ce projet, dit éducatif, et les autres projets de l'école. S'il existe des liens, pourquoi ne pas tenter d'intégrer ces différents petits projets dans un seul projet de développement pour l'école? Si, par contre, il n'y a pas de liens organiques entre ce projet éducatif et les autres projets, il y a lieu de s'interroger sur la pertinence de mener de front un ensemble de projets qui ne semblent pas cohérents les uns par rapport aux autres. Les chances de maintien d'un projet dans un milieu sont fortement liées à ce facteur de cohérence entre les diverses opérations.

Stratégie de maintien #15
Les partenaires se sensibilisent constamment aux apprentissages qu'ils réalisent dans le cadre du projet

Le projet éducatif est un terrain d'apprentissage pour les différents partenaires. Il importe qu'ils puissent être constamment sensibilisés aux apprentissages qu'ils font dans le cadre de leur projet. Cette dimension est trop souvent ignorée; on vit un projet, on constate qu'il chemine plus ou moins bien par rapport à la planification qui a été établie, mais on oublie de s'interroger sur ce que ce projet a apporté aux différents partenaires en termes d'apprentissage. En prendre conscience peut fort bien donner le goût de se lancer plus à fond dans le projet et même d'accélérer le processus, car on sait alors qu'il est une source de croissance pour chacun des partenaires.

Stratégie de maintien #16
Les partenaires intègrent leur perfectionnement professionnel à leur cheminement tout au long du projet

Un aspect qui découle du précédent porte sur l'intégration du perfectionnement à l'action. C'est là une autre possibilité qui favorise le maintien du projet dans le temps.

Stratégie de maintien #17
Les partenaires remettent régulièrement en question la nécessité du projet, cernent et analysent toute démobilisation majeure

Finalement, il est important, lorsqu'on parle de maintien d'un projet, d'examiner tout l'aspect de la mobilisation et de la démobilisation. Le projet est-il encore significatif? Pour qui et pour quoi? Si l'on sent une démobilisation, il faut l'analyser. On pourra alors se réajuster et donner au projet une nouvelle dynamique.

Le maintien doit être une préoccupation constante. Dès les premières actions pour susciter l'émergence du projet éducatif, les stratégies de maintien commencent à jouer leur rôle. Il importe donc que les animateurs du projet éducatif aient en tête l'ensemble des stratégies qu'ils auront à utiliser pour maintenir l'engagement des différents partenaires.

Chapitre 5

La participation et l'action collective

Un projet éducatif ne peut se réaliser sans l'adhésion des différents partenaires. Au chapitre 2, j'ai même mentionné qu'il s'agissait là de l'un des premiers critères à examiner pour voir si un projet est vraiment de type éducatif. L'adhésion est donc essentielle, mais il ne faut pas pour autant ignorer la difficulté qu'il y a à mobiliser la participation au sein de nos organisations scolaires. On se leurrerait en croyant que cette participation peut naître facilement et contribuer par le fait même au développement du projet éducatif. J'ai également souligné, dans les chapitres précédents, qu'il est important de considérer la participation comme un des éléments d'apprentissage à l'intérieur même du concept de projet éducatif. Si nous souhaitons la participation de différents partenaires au développement du projet éducatif dans un milieu déterminé, il faut accepter que cette participation ne soit pas innée et qu'elle fasse l'objet d'un apprentissage de tous les partenaires.

La participation est un apprentissage

La participation est rarement spontanée et continue. Il faut créer sans cesse des mécanismes pour favoriser son essor et son maintien. Il ne faut pas oublier que la zone de réalité propre à chacun des partenaires intervient fortement dans la qualité de sa participation. Les contraintes personnelles, les expériences antérieures plus ou moins positives, ainsi que certaines contraintes structurelles (normes ou conditions de travail) peuvent ralentir ou même réduire à néant la participation au projet éducatif.

En outre, si l'on se place dans une perspective d'apprentissage, il faut veiller à ce que les structures déjà établies favorisent réellement la participation. Plusieurs milieux scolaires semblent considérer la participation comme un simple mécanisme de consultation des différents agents, consultation qui, tout en étant un acquis fort louable, n'en est pas moins faite, trop souvent, que pour la forme. En effet, si elle a été intégrée aux structures institutionnalisées, elle reste, pour plusieurs milieux, une simple démarche visant à faire cautionner, par plusieurs agents, des décisions déjà prises à différents niveaux de l'institution. Combien de fois n'avons-nous pas assisté à des rencontres entre des cadres scolaires, des enseignants et des directeurs d'école au cours desquelles il fallait, en l'espace de quinze minutes, prendre connaissance d'une pile de documents, pour ensuite en discuter la teneur et se prononcer sur leur valeur? Consultation évidemment fort peu rentable. Les administrateurs qui utilisent cette forme de consultation se demandent ensuite comment il se fait que les gens soient si peu informés, qu'ils participent si peu à la vie éducative et qu'ils finissent progressivement par s'en désintéresser...

Il faut aussi se rappeler que, dans le processus d'une consultation, les agents qui sont consultés n'ont pas toujours eu l'occasion de suivre eux-mêmes la démarche de ceux qui soumettent le projet. Ce type de consultation crée ainsi un fossé de plus en plus profond entre les concepteurs-promoteurs et ceux qui, dans le milieu, doivent se prononcer sur les différents projets.

Il serait malheureux, dans le contexte du projet éducatif, que nous soyons soumis à des démarches de cet ordre, car alors nous nous retrouverions une fois de plus face à des individus qui approuveraient ou rejetteraient des projets, qui, somme toute, n'auraient que peu ou pas du tout de signification pour eux. Même un accord unanime sur un projet, par suite d'une consultation, ne peut, à mon sens, nous fournir la certitude que ce projet a été compris, assimilé et intégré. Il constituera alors davantage une caution morale donnée aux concepteurs.

Cela dit, il est évident qu'au moment de l'émergence d'un projet éducatif, une participation très nette des différents partenaires doit se concrétiser. Elle pourra entraîner des moments plus longs, plus pénibles, plus difficiles, à l'intérieur du processus du projet éducatif, mais à long terme, ces démarches ne peuvent être que très rentables.

Permettre aux gens de participer à l'élaboration d'un projet favorise sans nul doute le maintien de ce projet dans le milieu. Après avoir analysé des projets vécus depuis une dizaine d'années dans quelques commissions scolaires, j'en suis venu à la conclusion que les projets qui parviennent à se maintenir un nombre suffisant d'années pour pénétrer le milieu et l'influencer ont tous comme caractéristique essentielle un souci quotidien et permanent de faire participer le plus d'agents possibles à leur réalisation.

Les origines de la participation individuelle

Pour chaque individu, le point d'origine de la participation peut se situer à plusieurs niveaux. L'analyse nous permet de distinguer trois points d'origine possibles pour la participation: l'incitation, la réaction ou la conscience sociale. Bien sûr ces trois points peuvent se retrouver chez un même individu; en revanche, chez d'autres la participation se fera surtout par incitation, par réaction ou par conscience sociale.

Certains ne participent que lorsqu'on les incite à le faire; il y a donc lieu de prévoir, dans les structures du projet éducatif, des moments où l'on en fera la promotion afin de pouvoir, le cas échéant, inciter différents agents à y participer. À cet effet, les différents promoteurs auront avantage à poser clairement les problèmes, à montrer les avantages et les désavantages du projet et à expliquer aux différents agents en quoi ils peuvent être utiles à la démarche qu'on compte suivre. D'aucuns attendent d'y voir clair avant de s'engager dans un projet; un projet suffisamment clair et suffisamment prometteur les incitera à participer. L'incitation doit toutefois être la plus «honnête» possible. On peut, sous de fausses représentations, inciter les gens à participer, mais il faut se rappeler qu'ils se démobiliseront très rapidement dès qu'ils prendront conscience des intentions réelles qui sous-tendent le projet. Sur ce point, la clarté constitue l'élément essentiel pour inciter à la participation.

D'autres individus participent davantage par réaction: réaction à un problème ou à une situation de fait qui devient préoccupante pour eux. Cette forme de mobilisation a toutefois son inconvénient: ceux qui s'engagent exclusivement par la réaction auront tendance à se retirer dès que le problème sera résolu. Au moment de l'exploration, dans la phase d'émergence du projet, il sera utile d'avoir en tête cette possibilité de participation. Si les promoteurs d'un projet éducatif ne participent que par réaction à un événement ou à un problème, il importe alors de clarifier à fond les intentions réelles de chacun des partenaires afin de voir si cette participation est momentanée ou pas. Une telle participation, issue de la réaction, ne doit pas être négligée, mais il faut chercher à la «positiver» le plus possible. J'ai souvent participé à des rencontres où tout n'était que réaction. Ces rencontres dégénèrent souvent en confrontation. À mon avis, la confrontation peut constituer un aspect positif dans un projet, à condition qu'elle génère des actions de développement dans le milieu; sinon, nous risquons de créer purement et simplement des problèmes, de désigner ceux qui se trouvent dans une position de réaction par rapport à ces problèmes-là et, en définitive, de changer bien peu de chose à la réalité quotidienne.

Enfin, nous constatons que certains individus participent à un projet surtout par conscience sociale. Ils sont conscients du rôle qu'ils ont à jouer dans les structures, même si celles-ci ne sont pas toujours facilitantes et que l'évolution du système éducatif passe d'abord par le droit de regard et d'intervention de tous les agents concernés. Ceux dont la participation est issue de leur conscience sociale se retrouvent souvent dans un grand nombre de projets et d'organismes; ce sont, en règle générale, des individus dynamiques et suffisamment articulés pour bien saisir la réalité et même pour y discerner des pistes possibles de développement. Cette conscience sociale conduit évidemment ces individus à s'engager activement dans les diverses opérations d'un projet éducatif, mais elle risque de leur faire perdre de vue les autres agents. Si elle est un atout majeur, il faut aussi se rappeler qu'elle n'est pas développée d'égale façon chez l'ensemble des partenaires. Il importe que les tenants de cette conscience sociale se rendent compte que la participation peut être suscitée par des motifs très différents.

Les problèmes de la participation

Qu'on participe par incitation, par réaction ou par conscience sociale, la participation n'en pose pas moins trois problèmes importants. Ils sont très réels pour chaque individu qui œuvre au sein de nos structures éducatives.

Le premier problème est celui de la disponibilité. Peu de gens sont suffisamment disponibles pour participer entièrement à toutes les phases d'un projet éducatif, et ce problème touche autant le personnel enseignant que les parents ou les cadres scolaires.

J'ai beaucoup insisté, tout au long des chapitres précédents, sur le principe selon lequel un projet éducatif doit être bâti à notre mesure. Cette mesure est liée autant à nos capacités qu'au temps dont nous disposons. Il serait aberrant de ne pas tenir compte de ce problème de la disponibilité dans un projet éducatif. Il nous faut donc tenter de prévoir des structures de travail qui ne soient pas uniquement centrées sur la disponibilité simultanée de tous les partenaires. Si certaines phases du projet, comme la période d'exploration, impliquent une présence simultanée des partenaires, d'autres phases, comme les périodes d'articulation, de développement et de maintien, permettent d'organiser le travail de façon à ce que chacun puisse jouer un rôle actif, selon sa disponibilité.

L'exemple suivant, observé dans une école, peut illustrer ce type d'organisation: après avoir choisi le contenu du projet éducatif, les différents partenaires avaient dressé une liste des principales actions à mener au cours des mois à venir; mais, au lieu de planifier ces actions longtemps à l'avance, on avait tout simplement décidé que chacun, selon sa disponibilité, ferait dans la liste un choix d'actions qu'il mènerait à terme et dont il rendrait compte un mois plus tard. À l'entrée de l'école avait été affichée la liste des actions possibles à mener dans le cadre du projet, et les différents partenaires, dès qu'ils avaient des moments disponibles, en choisissaient une, inscrivaient leur nom à côté et la réalisaient. Dans ce contexte, le directeur de l'école jouait le rôle d'un coordonnateur, c'est-à-dire qu'il veillait à ce que les opérations soient cohérentes et surtout que les gens choisissent parmi l'ensemble des actions celles qui étaient réalisables dans le temps qu'il avait alloué en vue du développement du projet.

Plusieurs autres mécanismes, respectueux de la disponibilité, peuvent être mis en place. Si tout le projet éducatif se passe en réunions, il est évident qu'il se posera des problèmes d'agencement du temps; par contre, si l'on réduit au minimum les structures de travail formelles, il deviendra alors possible de respecter le temps disponible de chacun.

Un deuxième problème lié à la participation est celui du manque de confiance dans les structures. Souvent les agents refusent de participer à un projet à cause d'expériences précédentes malheureuses, qui leur ont fait perdre confiance dans les structures de travail. À ce propos, je me souviens d'un parent qui m'avait signifié qu'il ne voulait plus s'engager dans quelque projet que ce soit parce que chaque fois qu'il l'avait fait, il avait senti que tout était décidé à l'avance, que tout était programmé et qu'en définitive, il n'était qu'un pion dans cette démarche.

La confiance dans les structures est également fonction des méthodes de travail utilisées. Ainsi, certains partenaires, qui ont peu confiance dans les longues discussions, dans la formation de comités et de sous-comités, tendront à se démobiliser rapidement s'ils sentent que le projet éducatif est en train de s'engager sur cette voie.

Un troisième problème lié à la participation est celui du manque d'aisance. Je crois que l'on participe davantage à un projet lorsque l'on peut s'y mouvoir de façon aisée. L'aisance peut se retrouver sur plusieurs plans: dans les structures de travail, les principes énoncés, les rapports entre individus. Elle est en rapport direct avec la personnalité même de ceux qui s'impliquent. N'oublions pas que la plupart des gens qui participent à un projet éducatif n'ont habituellement pas une connaissance très approfondie de l'ensemble de la structure scolaire. Ils sont cependant beaucoup plus à l'aise quand il s'agit de parler de leur quotidien, de la vie de l'école, des problèmes qu'on y rencontre, des situations satisfaisantes qu'on y trouve et des changements qu'on aimerait y apporter. Cette aisance s'acquiert assez rapidement si les différents partenaires ont le souci d'entretenir un type de relations horizontales et de respecter les capacités de chacun. Il n'y a rien de pire, lorsqu'on participe à un projet éducatif, que de se retrouver dans une situation d'infériorité vis-à-vis des techniques qu'on nous propose.

Plus les techniques et les langages seront sophistiqués, plus il sera difficile de faire participer un grand nombre d'agents.

Six conditions à la participation

Ces conditions se rapportent à l'individu, mais elles n'en doivent pas moins être intégrées au cadre de travail que l'on se donne. Elles ne sont pas exhaustives. Et, surtout, il n'est pas nécesaire qu'elles soient remplies intégralement pour inciter un individu à participer; par contre, nous pouvons dire sans nous tromper que les possibilités d'engagement de l'individu dans le projet éducatif sont d'autant réduites que l'une ou plusieurs de ces conditions ne sont pas remplies. Voici ces conditions:

1) L'individu participe s'il sent qu'il peut faire usage de ses propres compétences au sein du projet.

2) Il participe s'il sent que les différents intervenants sont attentifs à ses intérêts et à ses préoccupations.

3) La participation s'accroît lorsque l'individu sent qu'il peut faire des choix à l'intérieur du projet. En d'autres mots, il participera davantage s'il sent que tout n'est pas décidé à l'avance, qu'il y a de la place pour des décisions sur lesquelles il pourra exercer une influence.

4) L'individu participe dans la mesure où il sent qu'il existe une compatibilité entre ses propres valeurs, ses propres principes et l'objet même du projet qui sera réalisé. En d'autres termes, la participation des gens est refroidie par les situations qui les amènent à développer dans leur milieu des orientations pédagogiques qui ne se conforment pas à leur propre conception de l'éducation. D'où l'importance de nommer clairement les valeurs et les pratiques éducatives qui inspirent le projet éducatif.

5) L'individu participe dans la mesure où l'objet même du projet est clair et compréhensible, et qu'il est facile de le communiquer aux autres.

6) Enfin, l'individu participe s'il sent que sa participation peut lui apporter beaucoup à titre personnel. Ainsi, l'on peut désirer participer à un projet afin d'améliorer ce qui se passe dans le milieu éducatif, afin de mieux aider les enfants, afin de favoriser leur développement, mais il faut aussi sentir en quoi notre participation à ce projet sera source de croissance pour nous-mêmes. Ces deux aspects ne doivent pas être dissociés; on s'engage dans un projet éducatif autant pour soi-même que pour les étudiants. Ignorer cet aspect serait nier la réalité même.

La participation directe et la participation indirecte

Il est important de distinguer les deux formes de participation: directe et indirecte. La participation directe se définit comme un droit de regard et d'intervention dans le projet, sur le plan tant de son émergence que de son développement et de son maintien.

Il s'agit, en fait, d'une participation où les différents agents exercent sur le projet une forte emprise, qui se manifeste par une contribution importante des personnes. Il existe alors une communion étroite entre les valeurs et les principes véhiculés par les agents et ceux qui sont développés dans le projet éducatif. Cette emprise se manifeste aussi dans les prises de décision. Les participants sont partie intégrante des décisions prises.

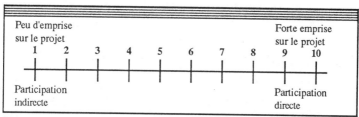

Fig. 12 La participation: directe et indirecte

La participation indirecte, elle, se traduit beaucoup plus par une faible contribution des personnes au développement du projet éducatif. Les individus sont alors davantage au service d'autres individus à l'intérieur du projet.

Pour illustrer ces deux formes de participation, prenons comme exemple une classe-neige, vécue en milieu scolaire.

Les promoteurs du projet solliciteront une participation directe des différents agents s'ils mettent en place un cadre de travail permettant à la fois aux enfants, aux parents, aux enseignants et à la direction de l'école de concevoir, à partir des principes mêmes de la classe-neige, des activités qu'ils vivront ensemble, à titre de partenaires de cette classe.

En revanche, ils solliciteront davantage une participation indirecte s'ils élaborent cette classe entre eux, en ne requérant l'aide des parents, par exemple, que pour mener certaines activités spécifiques déjà prévues. Cette participation indirecte consistera à trouver un support pour permettre au projet de classe-neige de se concrétiser. Ceux qui participeront de cette façon n'auront cependant aucune emprise sur la nature même du projet. En règle générale, dans nos organisations scolaires, on favorise davantage la participation indirecte, notamment à l'égard des parents et quelquefois aussi à l'égard des enseignants. En fait, on aime que le parent vienne à l'école pour aider, pour dépanner et parfois pour effectuer un travail que personne d'autre ne veut faire. Cette forme de participation fait l'affaire de plusieurs milieux, car elle permet d'accroître les ressources humaines de l'école sans pour autant influencer ce qui s'y passe. Plusieurs parents ne se sentent pas à l'aise dans cette forme de participation; je crois même qu'elle décourage un très grand nombre d'entre eux, qui souhaiteraient participer à la vie de l'école et qui ne le font pas à cause de cette façon de travailler. Il convient également de mentionner que cette forme de participation à la vie de l'école exige fréquemment une disponibilité de jour; en effet, pour aider les enseignants en classe, coller des livres à la bibliothèque, se charger du transport des élèves lors d'activités à l'extérieur de l'école, faire de la surveillance à l'heure du dîner, il faut être disponible durant les heures régulières de classe.

Les tenants d'une participation directe des agents à la vie de l'école refusent souvent de jouer le jeu de cette participation indirecte. Certes, on ne peut nier la valeur de certaines de ces actions, mais il faut bien se dire qu'elles ne contribuent en rien à changer la mentalité de nos structures scolaires.

Les propos précédents me rappellent ces enseignants qui, à l'occasion d'une session de formation à laquelle étaient inscrits des parents et des cadres scolaires du même milieu, avaient clairement indiqué que les parents devraient en tout temps se restreindre à cette forme de participation, c'est-à-dire la participation indirecte. Selon eux, il était indispensable que certains parents viennent les aider et les dépanner; pourtant, dès qu'il s'agissait de discuter des principes et des valeurs de l'école (les conceptions de l'éducation), ces mêmes parents n'étaient plus que des intrus.

Ce type de commentaires suscite chez les parents des réactions de deux ordres: certains continuent à participer mais comprennent que la structure scolaire ne veut leur accorder aucune influence sur la vie de l'école, tandis que d'autres rentrent tout simplement chez eux en clamant qu'il n'y a rien à faire pour améliorer l'école.

Le phénomène de la participation indirecte empêche de mettre sur la place publique ce que nous voulons développer à l'école. Il me semble donc essentiel qu'un projet éducatif puisse dépasser ce niveau de participation. D'ailleurs, le concept même de projet éducatif consiste à développer dans nos milieux une participation de plus en plus directe des différents intervenants à la vie éducative d'une école. Quand je souligne qu'il s'agit de faire l'apprentissage de la participation, c'est essentiellement dans cette perspective.

La participation directe à la vie d'un projet est une question d'apprentissage. On nous objectera qu'avant de participer directement, il est important de commencer par participer indirectement. Je ne suis pas du tout d'accord avec cette affirmation. Si, dans un milieu donné, on a toujours favorisé une participation indirecte des différents agents, il est loin d'être certain qu'ils posséderont les habiletés nécessaires à la prise en mains directe d'un projet: on laisse les autres décider et l'on se contente d'exécuter.

Je crois que déjà lors de l'inscription, dans un milieu, de l'idée de projet éducatif, il faut penser à inclure dans nos structures de travail des mécanismes de participation directe, même si, pour certains, cette démarche se révélera difficile et longue.

Le risque du rapport de forces

Marthe Henripin (1978), dans un texte remarquable et approfondi sur le problème de la participation, souligne que le contexte du projet éducatif soulève le risque que le tout dégénère en un rapport de forces et en des affrontements stériles.

Si un groupe ou un sous-groupe se sert du projet éducatif pour mieux asseoir son pouvoir sur les autres agents, le climat de travail manquera sûrement de sérénité et ne sera pas très inspirant pour entreprendre un dialogue et une communication sur la vie pédagogique même de l'école. Si le projet éducatif devient un outil pour imposer les idéologies et les idées d'un sous-groupe, nous nous trouverons dans une situation de méfiance. Dans ce contexte, les instigateurs du projet chercheront une participation qui n'aura pas d'autre but que la caution de leurs propres idées et leur promotion dans le milieu.

Lorsque nous choisissons de travailler à titre de partenaires dans un projet éducatif, il est évident que cela implique un choix social et un choix politique. Marthe Henripin (*op. cit.*, p. 94) nous fait voir clairement cette perspective:

«Mais il s'agit là d'une toute autre conception de la vie sociale et de son organisation: cela procède, comme on le constatera plus loin, d'un véritable choix politique et social, d'une volonté politique de modifier les rapports sociaux dans leur aspect exclusivement pyramidal, ce qui n'exclut pas certaines règles du jeu.»

Ce choix n'est évidemment pas neutre, mais il nous semble essentiellement important dans tout développement de l'idée de projet éducatif. Nous avons peut-être enfin l'occasion de développer dans nos milieux ces rapports horizontaux tant souhaités par la démarche démocratique.

Cette démarche démocratique a évidemment ses exigences; elle permet cependant d'éviter les affrontements stériles qui ne font qu'immobiliser le système scolaire. Le jeu du «partnership» dans le développement d'un projet éducatif se fera évidemment sur un terrain d'ajustement progressif; mais plus le projet progressera, plus nous pourrons réellement travailler avec des structures horizontales de travail et, par le fait même, intégrer ce concept à nos milieux. Un terrain d'ajustement n'est pas un terrain de compromis, mais plutôt une démarche respectueuse des cheminements individuels.

Le cas particulier des parents

Nos organisations scolaires ont eu tendance à institutionnaliser la participation des parents. On ne peut nier que ces démarches aient été utiles dans certains milieux; la formation de comités d'école et d'organismes de représentation (Conseil de famille, Conseil d'orientation, Conseil d'établissement...) ont certes permis aux parents de trouver une place au sein de cette vaste structure. Nous sommes toutefois encore loin d'une participation directe à la vie de l'école.

Lorsqu'on discute de ce problème, on a souvent l'impression que les enseignants se sentent inquiets, mal à l'aise par rapport aux parents, et qu'en fin de compte, ils ont peur de se faire dicter par eux une conduite à suivre. Il est vrai que certains parents ont cette attitude mais, en règle générale, ceux qui s'intéressent à la vie pédagogique de leur enfant ont beaucoup plus le désir de comprendre ce qui se passe, tout en donnant leur opinion sur le vécu de leur enfant à l'école.

Les structures actuelles permettent très peu cette libre circulation des opinions sur les valeurs et sur les approches éducatives. Quant à la méfiance des enseignants, elle peut, d'une certaine façon, s'expliquer. Je ne pense pas qu'il s'agisse toujours d'une mauvaise volonté de leur part. En fait, il est plutôt difficile pour un enseignant de commencer à discuter d'idéologies et de valeurs avec un groupe de parents quand il n'a pas eu lui-même l'occasion de réfléchir profondément à ces questions.

Habituellement, les parents qui favorisent dès le départ une participation directe à la vie du projet auront déjà réfléchi, seuls ou collectivement, au type d'école qu'ils souhaitent avoir dans leur milieu. Les animateurs devront alors, dans ce contexte, avoir présent à l'esprit que la période d'exploration du projet pourra être le moment privilégié pour mettre sur la table ces différentes perceptions. Il s'agira de le faire dans un climat de confiance, d'échange, en évitant que chacun se retrouve sur la défensive.

Je crois que les enseignants sont, dans l'ensemble, en faveur d'une plus grande participation des parents à la vie des projets dans l'école. Mais, pour le faire, ils souhaitent que les rôles soient clarifiés et qu'une marge de manœuvre leur soit laissée. Ils ont raison de ne pas désirer devenir des techniciens, subordonnés à d'autres personnes, car ils ont eux aussi des idées pédagogiques qu'ils veulent avoir l'occasion de mettre à la disposition de l'ensemble du milieu.

La réticence à la participation directe des parents vient également des cadres scolaires et des autorités administratives. La participation directe semble en effet plus facile à établir dans la réalité de l'école que dans la structure scolaire, qui génère davantage d'objections. Je pense que la participation directe des parents ne fait pas du tout l'affaire de certains cadres scolaires qui élaborent leurs plans de développement à l'extérieur du milieu. En fait, ces gens ont pris l'habitude de planifier, d'élaborer des stratégies de développement sans tenir compte de l'opinion, des préoccupations et des intérêts de ceux qui auront par la suite à assumer les conséquences de ces opérations dans le milieu. Il s'est ainsi formé à plusieurs endroits des petites chapelles ou groupes fermés qui élaborent des projets pour les autres, et qui considèrent comme une agression tout désir de participation à leur démarche.

Par contre, dans le contexte du projet éducatif, le rôle des parents est essentiel. Ils ne seront évidemment pas les maîtres d'œuvre de l'ensemble du projet, ils seront partenaires; leur importance vient toutefois du fait qu'ils auront une perspective différente de ceux qui sont engagés quotidiennement dans la vie de l'école.

D'aucuns prétendent que la participation des parents dans un projet éducatif fera régresser l'école jusqu'à ce qu'elle était au cours des dernières décennies. Une telle affirmation nie l'existence de groupes importants de parents qui souhaiteraient mieux comprendre l'école et la développer dans une perspective contemporaine... si toutefois on leur en donnait la possibilité. Aucune enquête n'a pu démontrer que l'ensemble des parents désirait un retour à l'école telle qu'ils l'ont connue. Ces enquêtes démontrent cependant clairement que les parents veulent comprendre ce qui se passe à l'école, qu'ils veulent connaître les fondements mais dans un langage qui soit à leur portée.

Il existe bien sûr chez les parents une diversité de tendances et d'idéologies, comme il en existe une chez le personnel enseignant d'une organisation scolaire. Le groupe de parents est hétérogène, comme celui des enseignants. Pourquoi donc tente-t-on partout d'uniformiser, de faire disparaître ces différences? À mon avis, le regard critique différent que les parents jettent sur la vie pédagogique d'une école pourrait constituer une très grande richesse dans le développement d'un projet éducatif.

Si on laisse les parents exprimer clairement leurs intérêts, leurs préoccupations, on est dans la voie d'une démarche prometteuse. N'oublions pas qu'actuellement, les projets pédagogiques les plus innovateurs sont ceux qui ont généralement fait participer directement les parents à la phase d'émergence du projet. On viendra dire après que l'ensemble des parents souhaite une école traditionnelle.

Par contre, on peut également observer que dans les milieux les plus traditionnels ou les plus conventionnels, les parents ne sont habituellement pas très engagés dans la vie pédagogique de ce milieu; c'est un fait surprenant. Dans les milieux où l'on conserve le statu quo, où l'on se questionne très peu, les parents sont, en règle générale, totalement absents de la structure.

Je me souviens d'ailleurs d'un projet «d'école alternative» pour lequel des parents ont dû se battre pendant trois ans: ils désiraient obtenir à l'intérieur de la commission scolaire deux classes qui correspondraient à leurs aspirations et à leurs préoccupations. Il était donc étonnant d'entendre, au cours des sessions de formation, des enseignants, des directeurs d'école et des cadres scolaires se plaindre que les parents de ce milieu ne voulaient pas participer, voulaient des écoles traditionnelles, voulaient conserver le statu quo. Comment se fait-il alors que des parents aient dû se battre pendant des années pour obtenir si peu? C'est là une interrogation majeure. Le phénomène dont je viens de parler se retrouve à plusieurs endroits.

Actuellement plusieurs groupes de parents et d'enseignants réclament depuis des années des écoles différenciées, ainsi que la possibilité de bâtir et de développer des projets. Ils essuient des refus catégoriques. Les administrateurs d'école renvoient les projets à des études, à des comités, à des sous-comités. Malgré tous ces obstacles, les parents persistent et, habituellement, ils parviennent à avoir gain de cause.

La démarche de projet éducatif exige qu'il y ait, dès le départ, une concertation des différents agents afin de ne pas tomber dans l'excès de telles attitudes. Il faut être attentif à cette situation qui, malheureusement, est fortement ancrée dans plusieurs milieux. Il suffit d'être parent pour sentir à quel point, dans nos structures scolaires actuelles, les différents intervenants sont mal à l'aise lorsqu'un groupe de parents décide de participer plus directement.

Les parents peuvent faire facilement l'apprentissage de la participation directe à l'intérieur d'un projet éducatif. Il faut simplement modifier, au sein de la structure scolaire, l'attitude de méfiance par rapport au regard critique que les parents peuvent porter sur l'école. Comme m'a déjà dit une mère de famille: «Nous autres, parents, nous avons l'impression d'être d'éternels fournisseurs. Nous fournissons l'argent pour faire vivre les écoles, nous fournissons du matériel lorsque l'école en manque, nous fournissons notre aide pour dépanner lorsque c'est nécessaire et, en plus, nous fournissons nos enfants. Quand nous donnera-t-on la chance de fournir des idées?»

Le cas particuler du personnel enseignant

Un enseignant m'a dit un jour, au cours d'une session qui traitait du projet éducatif, que selon lui, la plus grande peur des enseignants quant à la participation des parents à l'école se formulait comme suit: Qu'arrivera-t-il si les parents s'engagent plus que les enseignants dans un projet éducatif? C'est une question fondamentale.

Les enseignants ont le droit, même à l'intérieur d'un projet éducatif, de disposer d'une marge de manœuvre suffisante pour que leur classe, leur enseignement puissent être liés à leur personnalité et à leurs aptitudes respectives. Par contre, il est important de signaler que les enseignants, dans la conjoncture actuelle, sont peut-être ceux qu'il sera le plus difficile de mobiliser à l'intérieur de projets éducatifs.

Je connais beaucoup d'enseignants qui, depuis des années, s'engagent directement dans la réalisation de projets dans leur milieu; ils ne sont cependant pas en majorité. Des enseignants qui ne comptent pas leur temps, il en existe beaucoup, mais il y en a aussi beaucoup d'autres qui calculent tout ce qu'ils font et qui n'effectuent que ce qui est prévu dans la tâche conventionnée.

Dans le contexte du projet éducatif, il sera indispensable que les enseignants, à titre individuel et collectif, décident de participer à ce genre de projets.

Évidemment, d'aucuns nous affirmeront que le temps du bénévolat est révolu et qu'ils considèrent que la participation à des projets éducatifs ne fait pas partie intégrante de leurs tâches. Certes, ce type d'attitude existera toujours; il n'en est pas moins important de les dénoncer et d'examiner les voies possibles de solution.

Avec un peu d'aide et de temps, les enseignants comprendront que le développement de projets éducatifs dans leur école ne pourra qu'avoir des effets bénéfiques sur leurs relations pédagogiques en classe.

Je suis d'avis que les enseignants sont, en règle générale, très ouverts à l'idée de développer dans leur milieu, avec la collaboration d'autres agents, des projets qui seraient près de leur réalité et près de leurs préoccupations. De là à ce qu'ils souhaitent entreprendre de longues opérations dans l'ensemble d'une organisation scolaire afin d'en modifier tout le contexte, il y a toutefois une marge. Replaçons d'abord le projet éducatif dans la perspective d'une conception et d'un développement à l'école même; les enseignants pourront alors intégrer plus facilement à leur tâche toute leur participation à ce projet. C'est une question de planification et d'organisation du travail.

Remarquons également que l'enseignant qui sera appelé à vivre un projet éducatif dans le milieu devra faire partie intégrante de toutes les démarches. Sa participation aux périodes d'exploration, de choix et d'articulation du projet est donc essentielle. Cette étape de clarification pourra l'amener à mieux cerner autant les aspirations des parents que le type de pédagogie qu'il souhaite lui-même développer.

Sa présence devra être constante à cette étape de clarification progressive des intentions, des valeurs et des principes pédagogiques. Évidemment, il est nécessaire que des périodes de temps soient prévues à cet effet, lors de l'organisation du travail.

Une pratique cohérente de la participation et de la démocratie

Un projet éducatif est centré sur les valeurs. Il les nomme. Il les développe dans le milieu et notamment auprès des élèves. La logique de la réciprocité dans l'éducation aux valeurs nous invite à une certaine recherche de cohérence. Si les adultes qui développent cette idée de projet éducatif croient en l'importance de la participation et de la démocratie, ils auront le souci de travailler au développement de ces mêmes valeurs dans leurs champs d'intervention respectifs. Comment un enseignant ou un parent peut-il défendre les vertus de la participation s'il ne contribue pas lui-même au développement de cette valeur? Un enseignant qui croit à la participation développera une pédagogie qui favorisera la participation directe des élèves à la vie de la classe. Sinon, il y a risque d'incohérence. La même situation est valable pour le parent. Dans cette perspective, le projet éducatif est une entreprise collective d'éducation aux valeurs. Certes, éduquer les élèves à certaines valeurs, mais également promouvoir chez les adultes cette même appropriation de valeurs.

C'est alors que l'école deviendra un véritable projet d'éducation.

Conclusion

Vers une école qui se crée

Pour plusieurs, l'école contemporaine est statique. Elle se contente de reproduire les valeurs dominantes de la société. Cela peut être son projet, mais encore faut-il qu'elle en soit consciente. C'est une question d'éthique minimale que de savoir ce qu'on véhicule dans les organisations scolaires.

L'éthique minimale oblige à connaître et à reconnaître les valeurs qui nous inspirent. L'éthique éducative oblige à nommer la direction de l'influence que nous avons sur ceux qui sont confiés à l'organisation scolaire. Le projet éducatif développé dans l'école assure que cette éthique minimale sera respectée. C'est le défi des écoles d'aujourd'hui et de demain: faire connaître aux usagers les valeurs et les influences qu'elles cherchent à transmettre. C'est un droit des usagers de connaître nommément la direction de cette influence. C'est un devoir de l'école d'assumer avec un maximum de cohérence les engagements qu'elle prend.

Un projet éducatif est un engagement à la recherche de la cohérence. Comment pouvons-nous penser qu'il puisse y avoir éducation sans cet engagement? L'éducation est une entreprise collective. Elle est la source première de développement d'une collectivité. Elle engage le présent et l'avenir. Elle ne peut pas être dynamique sans la contribution de ceux et celles qui la vivent dans le quotidien. Elle ne peut pas être dynamique sans inspiration.

Les valeurs nommées, articulées et développées dans une recherche de cohérence nous amènent à une école transparente et à une remise en question continue. Il est clair que cette école dynamique, qui se pense et qui se crée, est une innovation dans le contexte scolaire actuel. Mais peut-on agir autrement dans une société qui vit un éclatement des valeurs, qui vit une crise de cohérence, qui vit une crise de crédibilité? L'éducation demeure un lieu privilégié d'interventions et de changements. Mais cela est possible dans la mesure où elle est également un lieu de projets. L'école doit devenir un terrain propice à la créativité de tous ceux qui la vivent au quotidien. Le projet éducatif est une piste pour y arriver même s'il nécessite temps, énergie, disponibilité et rigueur.

Bibliographie

ANGERS, Pierre (1977) *Les modèles de l'institution scolaire.* Centre de développement en environnement scolaire. Université du Québec à Trois-Rivières.

ANGERS, Pierre (1978) *École et innovation.* Laval, Éditions NHP. Livre écrit en collaboration avec Colette Bouchard.

ARDOINO, Jacques (1984) «Pédagogie du projet ou projet éducatif», dans *Revue Pour,* mars-avril.

BATESON, Gregory (1984) *La nature et la pensée.* Paris, Éditions du Seuil.

BERTRAND, Yves (1979) *Les modèles éducationnels.* Service pédagogique, Université de Montréal.

BERTRAND, Yves et VALOIS, Paul (1980) *Les options en éducation.* Ministère de l'Éducation du Québec.

BOUCHEZ, Alain (1983) «Une méthodologie du projet: le projet d'établissement», dans *Les amis de Sèvres,* #4.

CABANIS, Jean (1983) «Projets d'actions éducatives et projet d'établissement: différences et dépendances», dans *Les amis de Sèvres,* #4.

CHARLOT, Martine (1984) «Une nouvelle dynamique en matière d'éducation», dans *Revue Pour,* mars-avril.

CHOMIER, Gérard (1983) «L'idée de projet», dans *Les amis de Sèvres,* #4.

CROZIER et FRIEDBERG (1977) *L'acteur et le système.* Paris, Les Éditions du Seuil.

CROZIER, Michel (1979) *On ne change pas la société par décret.* Paris, Grasset.

GRAND'MAISON, Jacques (1977) *Une société en quête d'éthique.* Montréal, Éditions Fides.

147

HENRIPIN, Marthe (1978) «Les ambiguïtés et les difficultés de toute participation», dans *Prospectives*, vol. 14, #1-2.

LAFOND, René (1983) «La démarche d'auto-analyse, point de départ et fondement du projet d'établissement», dans *Les Amis de Sèvres*, #4.

MARX, Christophe (1982) «Les techniques de thérapie systémique», dans *Revue Psychologie*, avril no.46.

MINVILLE, Yvon (1984) «Éléments pour la définition d'un projet éducatif», dans *Revue Pour*, mars-avril.

MORIN, Edgar (1981) *Pour sortir du vingtième siècle*. Paris, Éditions Fernand Nathan.

PAQUETTE, Claude (1976) *Vers une pratique de la pédagogie ouverte*. Laval, Éditions NHP.

PAQUETTE, Claude (1980) *Le projet éducatif et son contexte*. Victoriaville, Éditions NHP.

PAQUETTE, Claude (1982) *Analyse de ses valeurs personnelles*. Montréal, Éditions Québec/Amérique.

PAQUETTE, Claude (1985) *Intervenir avec cohérence*. Montréal, Éditions Québec/Amérique.

PAQUETTE, Claude (1986) *Vers une pratique de la supervision interactionnelle*. Montréal, Éditions Interaction.

SCHUMACHER, E.F. (1978) *Small is Beautiful*. Paris, Éditions du Seuil.

STUFFLEBEAM, et collaborateurs (1980) *L'évaluation en éducation et la prise de décision*. Victoriaville, Éditions NHP.

VERGNAUD, Maurice (1983) «Le projet d'établissement: autonomie et dynamique de l'établissement», dans *Les Amis de Sèvres*, #4.